日本異類圖典

監修 朝里樹

瑞昇文化

序言

何謂異類？

以字典上的定義來說，這指的是人類以外的東西，因此是範圍相當寬廣的詞彙。

神、妖怪、動植物當然包含在內，還有在寶可夢等遊戲或者動畫等各種媒體當中活躍的怪物。像是哥吉拉、卡美拉、超人力霸王系列之中出現的怪獸、外星人；假面騎士系列或者超級戰隊系列出現的怪人等，或許異類甚至可以說是廣泛到能涵蓋這些東西吧。

另外還有都市傳說或者學校的怪談，其內容也經常出現許多不可思議的詭異存在。自古以來就在各種紀錄與故事裡登場的人類、動物之靈，即便到了現在，還是有很多人相信那些東西是實際存在的。

即使那些東西實際上並不存在，人類就是會有意識地創造出與自己不同的東西，又或者在不知不覺間想像著它們。

同時，真正存在的動物和植物們，也被認為是神的使者、或者本身就是神明，會化作人類的樣貌、會說話、會變成妖怪等，為它們賦予特殊的性質。

現代由於科學的發展，那些動植物們具備什麼樣的生態、是什麼樣性質的生物等，這些事情都已經相當明白，但還是有很多人深信動植物有著不可思議的力量。

我不認為這是件壞事，甚至應該說正因為是人類所以才能想像。這樣不是挺有夢想又浪漫嗎？

在本書中所介紹、解說的，就是異類裡頭自古就被日本人認為具備特殊力量或性質的存在。

正因為我們是人類，所以才會覺得異類和自己不同、是神祕的存在。現在就讓我們進入這個世界吧。

朝里樹

『日本異類圖典』

目錄

CONTENTS

第1章 異界與異類

CHAPTER 1 IKAI TO IRUI

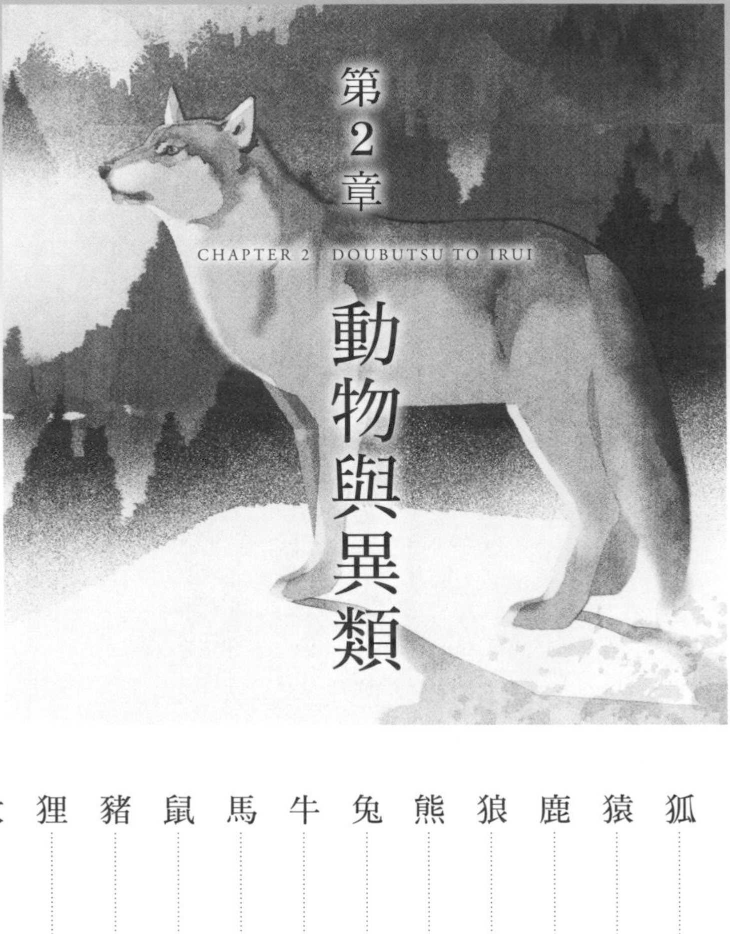

第2章

CHAPTER 2 DOUBUTSU TO IRUI

動物與異類

【哺乳類】

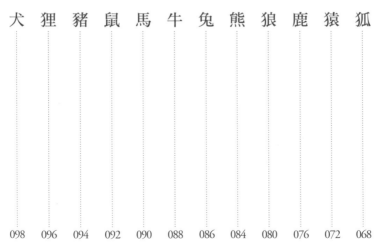

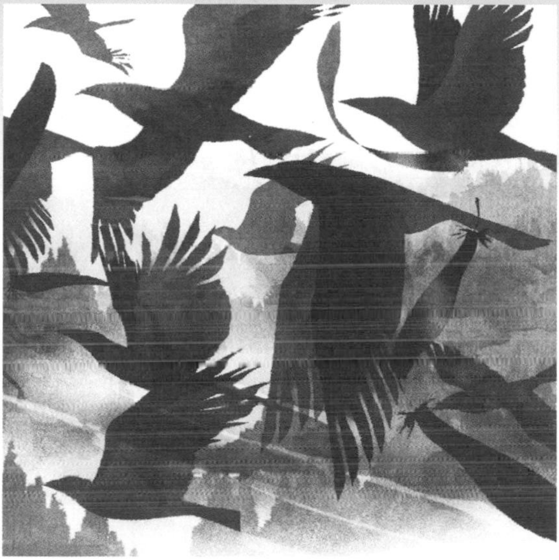

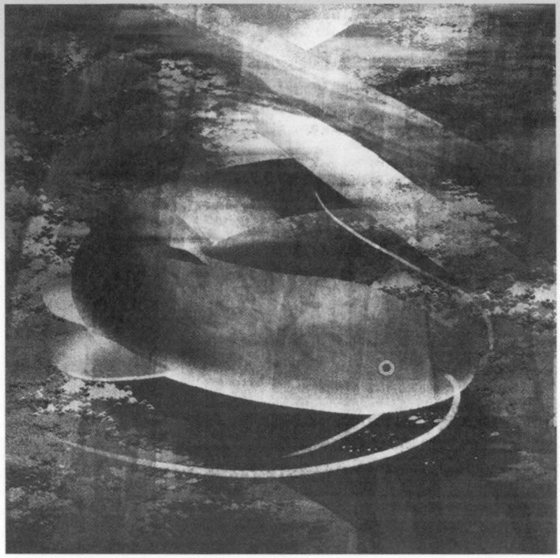

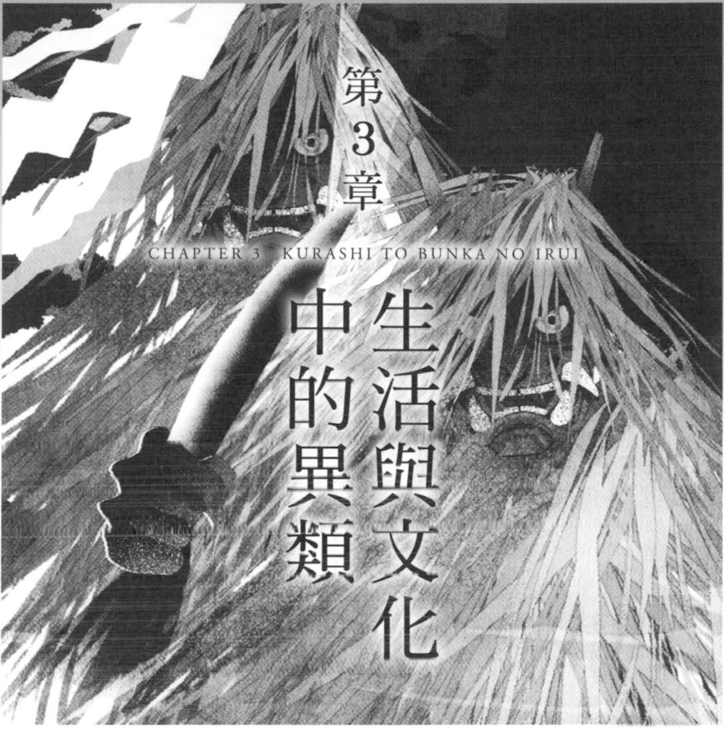

第3章

CHAPTER 3　KURASHI TO BUNKA NO IRUI

生活與文化中的異類

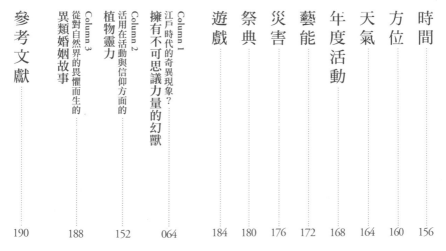

PROLOGUE

何謂異類？

神、物怪、妖怪、動物、靈……

「異類」這種與人類相異的存在究竟是什麼？

本章將會介紹異類演變的歷史及異類與宗教之間的關係。

PROLOGUE 1

異類的定義

人類自古以來便將「異類」當成信仰的對象

異類指的是人類以外的東西，換句話說就是非人的存在。這又區分為靈性的存在以及物理的存在，日本古代信仰對象的神、鬼、靈、物都屬於前者，自古以來兩者便因其互換性及近似性而連結在一起。

神鬼一體、物怪則為死靈

在辭典裡翻查「異類」，可以得知意思是「種類不同之物」，大多也會寫著「人類以外的動物、鳥、野獸、怪物等」。本書當中所謂的異類，說起來就是「非人之物」。這裡面包含了靈性的存在（神、鬼、靈、物怪、妖怪等）以及物理的存在（動物）。

前者大多是人類敬畏及恐懼的對象，是超越人類智慧的不明確存在。另一方面，後者則成為神之使者或民間信仰的崇拜對象，特徵便是牠們通常近在身邊。

民俗學者折口信夫提出日本古代信仰最具代表性的概念有四項，也就是神（カミ，KAMI）、鬼（オニ，ONI）、靈（タマ，TAMA）、物（モノ，MONO）。這些都是不具備實體的靈性存在，但是當時概念上並不認為神與鬼是對立的。在《日本書紀》當中寫著「鬼神」卻標上讀音是「KAMI」，因此可見兩者乃為一體。另外，《萬葉集》裡也經常將「鬼」讀作「MONO」。可以窺見KAMI、ONI和MONO是具有互換性的。

自古以來，對於人類魂魄（靈）的畏懼，是來自人對於死亡的畏懼。因為那些死於非命而其怨恨殘留於現世者，會成為靈魂，進而作祟而使人感到害怕。這類死靈就被稱為物怪（もののけ，MONONOKE）。

到了近世，廣泛的妖怪和幽靈等概念也開始混淆在內。但其實物怪原先指的是物之氣，古時候是在不知道那是什麼氣的情況下使用這個說法。如果陰陽師揭露了那東西的真面目，就會被正名為死靈或怨靈。這樣看來，靈（TAMA）和物（MONO）之間想來也有某種近似性。細節差異或許只有當時的人才會明白，不過折口信夫所提出的四個概念，確實是彼此息息相關的。

《稻亭物怪錄》作者不明〈物怪歸去之事〉
江戶時代中期描繪的妖怪故事。這是有個名為稻生平太郎的男子遇上了人量物怪，而有著人類樣貌的物怪們離去的場景。

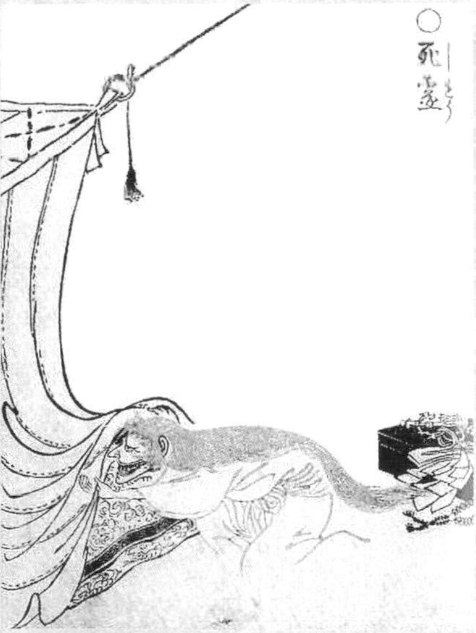

《圖畫百鬼夜行》鳥山石燕〈死靈〉
死靈將蚊帳提起來偷看人類的床鋪。

PROLOGUE 2

異類的歷史

由神話時代到現代
隨時光荏苒轉變的異類樣貌

原先是無法區別神鬼的古代靈性存在，隨著時光流轉，異類也逐漸有了實體。自從中世出現帶著魔物印象的天狗以後，到了太平之世江戶時代，更是出現了各式各樣的妖怪，其樣貌也漸漸擴散到大街小巷。

妖怪的個性是在江戶時代形成的

異類在歷史上有著五花八門的定位。現代人比較容易想像的妖怪，當然也與這個系統血脈相連。若是在古代尋找相同的存在，或許是「神」、也可能是「鬼」。古時候這兩者在意義上並沒有太大的區別。

鬼屬於惡的一方，最初有這個概念的文獻目前被認為是《出雲國風土記》。在這個作品中出現的鬼是吃人的怪物，特徵是只有一隻眼睛。不過，古代的鬼除了身為怪物，同時也是不具備形體的靈性存在。

若古代具代表性的異類是神、鬼，那麼到了中世的話應該就是天狗了。天狗最初出現在《日本書紀》當中，有位名為旻的僧侶從中國回來，對著那發出轟隆巨響、自天空劃過的星星說「那是天狗」。

說起來天狗在中國其實指的是流星。之後天狗成了妖怪和魔物的一員，而祂的樣貌轉變為目前眾所周知的那種長了長鼻子的山伏姿態，則是在江戶時代以後。

《大日本歷史錦繪》〈源牛若丸僧正坊二髓武術覺圖〉（國立國會圖書館藏）歌川國芳（1851年）。圖上描繪的是鞍馬山的天狗僧正坊正在教導牛若丸（源義經）武術和兵法的樣子。

到近世以前，提到異類指的就是神、鬼、天狗，還有物怪（死靈）。到了江戶時代，由於文化流通、識字率提升，因此全國各地鄉野的怪異資訊也都會集中到都市來。而這些資訊集結為出版物等媒介以後，又會擴散到全國。這個過程讓許多異類具備了個性，成為如今流傳的妖怪。

到了近代，西方科學的光芒照亮了都市的陰暗角落，由面對自然時所產生的畏懼而催生出來的妖怪，便無法繼續立足於市井。如今異類的主角寶座，便成為人類對於自己本身的畏懼，也就是幽靈。

PROLOGUE 3

神佛與異類

人類的信仰中，異類便是神明本身又或者是神佛使者

在神佛與現世的人類之間作為橋梁的神明使者也是異類的一種。祂們具備動物的樣貌，負責的工作則是傳達神明旨意。但實際上並不僅止於此，動物本身有時也會成為信仰的對象。異類同時也是連結神明世界與人類世界的媒介之物。

透過信仰感受到異類近在身邊

神使也是異類的一種樣貌。也就是那些成為神明使者，背負使命要將神意傳達給人類的動物們。

京都伏見稻荷大社的狐狸、滋賀日吉大社的猴、奈良春日大社的鹿等，大多是與該神明有某種關係的動物。在前九年戰役之時，引導源氏獲得勝利的鴿子也是八幡神的神使。

在民間信仰中，也會有祭祀神使本身的例子，比方說像稻荷神社的狐狸。神使有時候也被稱為神明的眷屬、又或者是靈獸等，但也不僅止於哺乳類、鳥類或者爬蟲類等動物，有時也可能是想像中的生物。靈獸裡面最具代表性的龍便是最佳範例。

在民間信仰之中，神使會以完全不同的形態將神佛與動物結合在一起。大家熟悉的動物、又或者是具備奇特外觀的靈獸被認為介於神佛與現世人類之間，因此也納入信仰當中。

好比說不動明王的立像，右手拿的是有龍纏繞的俱利

〈馬頭觀音菩薩像〉（波士頓美術館藏）
觀音菩薩的變化之一，在民間信仰中因其馬匹守護佛的形象而廣為人知。

伽羅劍。在民間信仰裡，這是為了借用靈獸龐大的力量，才將其姿態刻劃在不動明王的刀劍上。

有個明王的樣貌是馬頭，是被稱為馬頭觀音，守護馬匹的佛。據說會有這樣的姿態，是因為認為祂會像馬一樣吞食邪惡、踹走邪惡。而馬頭觀音也因為其樣貌的關係，進而讓世人發展出相信祂會守護馬匹的信仰

另外，還有鯰魚這個被認為與地震有關的例子。茨城縣鹿島明神（鹿島神宮）的傳承便有提到這件事。位於神宮境內的要石，據說就壓制著會引發地震的鯰魚。

江戶時代的安政大地震正好發生在全國神明都不在的10月（神無月）。當時的人認為，由於鹿島明神也去了出雲，因此要石鬆動，才會讓鯰魚大肆作亂。

由於這些與信仰連結的事由，長久以來異類對於人類來說就變得相當親近。

PROLOGUE 4

動物與異類

人類自動物具備特徵的樣貌 找出其中的神性

動物在異類當中當然是物理性的存在。也因此牠們所具備的特殊能力、既有的形體必然會引起人類的注意。自古以來，人類就是像這樣在動物們的能力或者樣貌裡找出信仰的意義，將牠們當成崇拜的對象。

因為無法翱翔天際 所以心繫鳥兒的羽翼

民間信仰起源於古代的自然崇拜，因此回顧崇拜對象的神佛、又或者是其神使或眷屬的時候，會發現裡面有許多是動物。原本崇拜對象多樣化就是民間信仰的特色之一，不過在傳統宗教當中對於祭祀神明或者教義的尊崇心情，在民間信仰中卻廣泛轉移到大家熟悉的動物身上，這又是為什麼呢？一般認為這是由於成為信仰對象的動物具有的能力、名稱或者姿態等，讓人類在其中找到神性。

在養蠶業發達的土地上，可以看見有將貓當成神明來祭祀的範例。對於養蠶業來說，會把蠶給吞噬殆盡的老鼠實在是相當棘手。因此祭祀老鼠的天敵貓咪，藉此祈願能夠防範老鼠帶來的災禍，是相當自然的念頭。如果說對於貓的信仰是來自於對其能力的期待，那麼基於名稱而被神格化的最具代表性範例，就是青蛙了。在日文中青蛙的讀音是「KAERU」（かえる），與「回家」的發音相同，因

《百怪圖卷》佐脇嵩之〈牛鬼〉

〈枯木鷲猿圖〉伊藤若沖（1756-1757）

此也令人聯想到「回家」，藉此祈禱能夠平安無事踏上歸途。

一般提到姿態時是指整體的形狀，而形體則是指部分的形狀。說起人類對於動物所具有的固定形體懷抱敬畏念頭的，最具代表性的應該就是翅膀了吧。如果有翅膀，就可以去任何地方，不僅可以到遙遠的國家，就連眾神居住的天國也能抵達。實際上鳥類中的王者老鷹就在世界各地都成為信仰的對象，甚至有許多國家將其作為國旗或者王室的徽章。

老鷹等猛禽類，其特徵就是生有尖銳的嘴喙。除了嘴喙，動物身上的角、牙、爪子也都是武器，因此產生了可以逼退魔物的象徵性意義。

對於這些東西的敬畏念頭，讓那些存在於想像中的靈獸也長出了角。獨角獸、麒麟都是如此，還有在寺廟神社門口駐守的狛犬，也存在其中之一長了角的例子。龍除了角以外，尖銳的爪子也相當引人注目。這些都是權威的象徵。

PROLOGUE 5

〔日本全國〕異類傳承MAP

以傳承方式傳述日本全國的異類

每個地方都有各自傳承的神明、妖怪、動物等等，本節將解說最具代表性的案例。日本有鬼、天狗、河童等全國皆可見到的異類，也有許多依其地區特性而成為信仰對象的存在。

由自然地形可窺見異類的特性

和異類有關的傳承，通常與地區自然特性息息相關。舉例來說，修驗道的聖地靈山附近會有許多和天狗有關的故事。有河流或者經常發生水災的地區，就會有河童的傳承。被群山包圍的地區則留有為數眾多的狐狸或狸貓等動物的故事。異類們與人類自然共存的同時，也被傳述為人類畏懼的對象。

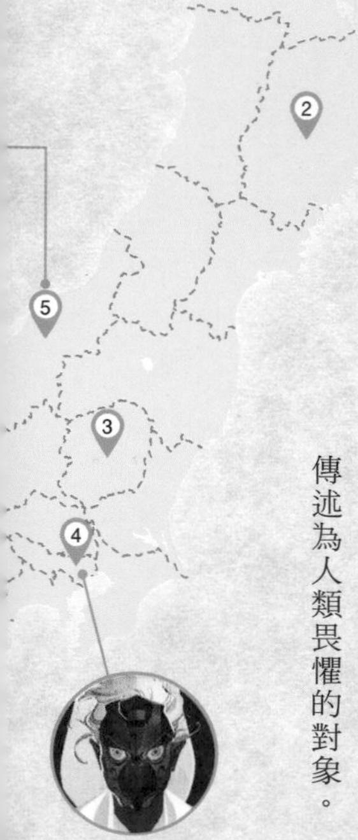

① 北海道 貓頭鷹

原住民族愛奴人將貓頭鷹稱為KOTANKORO-KAMUI（コタンコロカムイ，村莊守護神）。愛奴神話將牠們描寫為地位最高的神明。

② 岩手縣 御白樣

房屋的守護神。樣子是一對男女的木製人偶。傳承當中指出，如果對待祂們的方法錯誤，就會遭受嚴厲的懲罰。

③ 栃木縣 雷樣

栃木縣是時常出現打雷閃電的縣，因此有雷神信仰，各地都有雷電神社。同時也存在司掌雹與雷的稀有天狗。

④ 東京都 天狗

多摩地方的山區有許多與天狗有關的傳承。其中在修驗道的靈山高尾山，被奉為本尊神明的部下來信仰。

⑤ 新潟縣 酒吞童子

在京都大江山被擊退的惡鬼酒吞童子據說出生在新潟縣，因此各地留有大量與其相關的傳承。

⑥ 長野縣 鬼女

有個傳承內容是說，一名人類女性紅葉遭人誣陷，說她以自己的美貌誘惑並且詛咒他人，因此她化為惡鬼。後來被人擊退。

⑦ 岐阜縣 兩面宿儺

一個身體卻長了兩個頭部的人或者鬼神。留下了擊退毒龍的傳說故事、或者建立寺廟的傳承。

⑧ 京都府 茨木童子

平安時代以大江山為據點擾亂京都安寧的鬼。最有名的傳承故事是某個武將在羅生門砍下茨木童子的手臂。

⑨ 大阪府 白狐

狐狸化身為人的傳承非常多，最有名的故事之一是被獵人追趕的白狐「葛葉」化為女人，成為人類的妻子。

⑩ 德島縣 狸

狸貓信仰非常興盛，縣內有許多被當成神明祭祀的狸貓，或者有名字的狸貓。四國的香川縣也有非常興盛的狸貓信仰。

⑪ 福岡縣 河童

九州地方大多數區域留有很多與河童相關的傳承。也有故事指出河童會對人或者牛馬惡作劇。尤其是福岡縣的筑後川流域，與河童傳承相關的地區活動也非常興盛。

⑫ 沖繩縣 木精

棲息於正榕或者桑樹等大樹的精靈，外貌與河童非常相似。和人類相當親近，不過惹祂生氣的話會引發災禍。

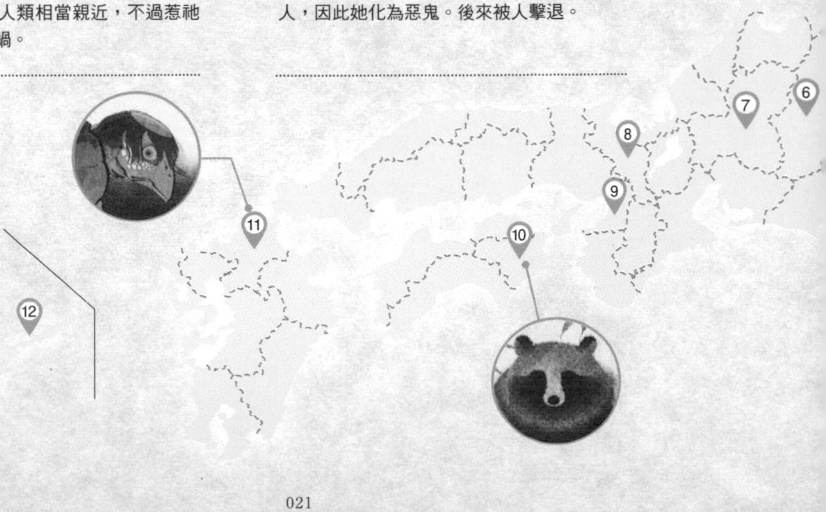

第1章

異界與異類

「異界」位於我們
眼所不能見的人類世界外側，
存在著許多
幻想中的尊貴生物。
古代的人們
是如何看待祂們的？
讓我們繼續
深入探討祂們的起源、
歷史及傳承文化。

天狗

鬼

河童

龍

鵺

鳳凰

狛犬

人魚

靈

天人・天女

具備山神與妖怪的兩面性

【tengu】天狗

棲息在「山」這個人類無法進入的異界
與山岳信仰渾然一體的異類

最初是流星，歷經時代逐漸轉變姿態，成為怨靈、山神等

平安時代到中世左右，在日本各地流傳開來的妖怪正是「天狗」。紅臉、長鼻子、背後有翅膀且居住於山中的天狗，有時候也被當成神明那樣的存在來祭祀，是異界的居民。

古代中國的歷史書《史記》當中提到，天狗是為人類示警凶兆的流星，而「天狗」這名字的由來，應該是因為隕石在大氣層內散發的衝擊波聽起來就像是嚎吠聲，所以取了這樣的名字。

天狗的羽毛團扇　History

大天狗手持的羽毛團扇具有非常強大的超能力，可以飛行、分身、變身、還可以自由操控大自然。另外也能操縱火焰，所以也有一些神社把天狗當成伏火之神來祭祀。團扇的羽毛數量為11片，不過也有一些神社是9片或者13片。

在日本的文獻中最初留下天狗相關記載的，是歷史書《日本書紀》。６３７年有一流星由東往西飛去，發出了雷鳴般的聲音，響徹天際。而從唐國歸來的僧侶將之稱為「天狗」。將流星稱為天狗的想法是源自於中國，但這個概念一直沒有傳播開來，到了平安時代後期，日本的天狗便被加上了各式各樣的外在形象。

日本的天狗由流星或者狗的樣貌中解放，只留下會飛行的特徵，在平安時代的口傳故事集《今昔物語集》當中被描繪成有如鳶一般的怪鳥。原本只有在山裡面失蹤、出現奇怪的聲響等不可思議的現象被歸咎於天狗，而且不具形體，此時被加上了可見的外觀。這個怪鳥樣貌，之後又演變成鳥頭以及背後長翅膀的「烏天狗」。

另外在《今昔物語集》的故事裡面也有提到，一位聖人與蒙國王的王妃搭上關係，被流放而死於他鄉後成為天狗之王。此故事中的天狗是仇視佛教而破戒的魔物，但最後卻被高僧收服，是較為弱小的存在。

山伏樣貌的緣由也是從平安時代開始，這是因為天狗和山岳信仰的神社或者與修驗道相關的神社寺廟結合在一起。同時可能是因為當時的人認為山伏是名利雙收又相當傲慢自滿的強者，而不被世間認定所以內心抱持怨恨之人、傲慢之人都會墮落到魔界的天狗道中。到了南北朝時代，天狗從佛敵轉變為讓朝廷或者公家社會膽顫的政敵怨靈。在軍記物《保元物語》當中，就有提到政變失敗的崇德上皇遭到流放，活生生成為天狗。

古代中國地理書《山海經》當中的天狗。
被描繪成有如狗一般的樣貌。

天狗可以說是各種不同階層的人產生的怨恨之念，同時人類對於其靈性的信仰又非常強烈，於是也衍生出祂們是會替人帶來恩惠的神明這

《美勇水滸傳》一魁齋芳年
被木曾駒若丸義仲抓住鼻子的天狗。

種傾向。鎌倉時代教導武將源義經武藝的據說便是棲息於鞍馬山的天狗，這是相當有名的故事。

到了室町時代，畫家狩野元信畫下了有著長鼻子的大天狗、和祂的部下小天狗（烏天狗）以後，這樣的眷屬概念便固定了下來。之後大天狗逐漸被描繪為力量強大、滿盈威嚴的樣貌，而長鼻子作為強悍象徵這點，也有人提出這和《古事記》與《日本書紀》當中提到的國津神「猿田彥神」獨具特徵的長鼻子應該是同樣的概念。江戶時代由於出版物的影響，有著長鼻子且打扮為山伏樣貌的天狗形象逐漸大眾化且固定下來，同時也和鬼一樣被傳述為是一種「隱神」。這些在在顯示出人類相信神之領域「異界」的存在。

之後天狗就開始大量出現在民間故事或者童話故事當中，現在祂們在各地也還是以山神的形象作為人類信仰的對象。

Culture

關於日本八天狗

日本全國各地存在相當有名的8位天狗。京都愛宕山的愛宕太郎坊是掌管火的大天狗。滋賀比良山的比良山次郎坊是由於比叡山蓋了延曆寺，只好搬來比良山。長野飯綱山的飯綱三郎是飯綱法（咒術）之祖。京都鞍馬山的鞍馬山僧正坊是牛若丸（源義經）的師父。香川白峰山的白峰相模坊為了鎮壓崇德院的靈魂，而從相模搬了過來。神奈川相模大山的大山伯耆坊是由於繼承相模坊的位置，才從伯耆大山搬到相模大山去。福岡和大分英彥山的彥山豐前坊統領整個九州。奈良大峰山的大峰前鬼坊被認為是受修驗道始祖役小角所役使。這8名天狗具備強大的神通力量，以靈神身分在全國受到信仰。

由畏懼而生的魔物之神

【oni】鬼

眼所不能見的靈性魔物歷經時代演變
獲得怪物般的外貌以及使人感到畏懼的神通力

鬼是日本魔物中最具代表性的，同時也是可以祛除人類災厄的神明。

「鬼」這個名稱起源於中國，原先是指死靈，又或者是幽靈。鬼的概念被引入古代日本以後，有時候被讀為「MONO」，而所謂的「MONO」就和「物怪」相同，代表的是無形的靈性存在。

奈良時代佛教傳至日本，後來在佛教教義中的地獄獄卒也開始被認定為鬼。

另外，在平安時代初期的歷史書《日本書紀》當中，留有關於邪鬼的記述，內容是說它們會出現在路邊、妨礙人類的通行，性質上屬於魔物般的存在；除此之外還有外國人、海盜、山賊等不明其所以的集團也被記述為「鬼魅」。

鬼到了後來終於被固定讀為「ONI」，這是由「穩／ON」（オン）這個發音演變來的。這應該是表現出鬼與傳染病或自然災害有著一樣的特徵，雖然眼所不能見卻對人類社會帶來威脅。

鬼的顏色與五毒相關

Culture

鬼存在有五種顏色，包含紅、藍、黃（白）、綠、黑，由來是妨礙佛教修行的五種煩惱「五毒」。紅、藍、黃、綠、黑分別代表貪欲的「貪」、惡意的「嗔」、癡迷不明理的「癡」、傲慢的「慢」、狐疑猜忌的「疑」。

在地獄守護佛的八部鬼眾與拷問亡者的獄卒

日本流傳著各式各樣的鬼。主要種類區分為各地傳承的妖怪之鬼、佛教教義中提到的鬼、以及身為神明的鬼這3種。佛教的鬼包含地獄中的獄卒、八部鬼眾、還有亡者餓鬼。而獄卒是拷問亡者的鬼。

　八部鬼眾為佛教的守護者，當中以夜叉和羅剎最為有名。夜叉是古代印度神話的鬼神，男性就被稱為夜叉。祂們雖然會吃人，但同時也被認為會為人類帶來恩惠。羅剎則是來自印度教的鬼神，被納入佛教當中，也是吃人的魔物。

　佛教在古印度普及後，夜叉和羅剎便擔任起守護佛法的工作。至於餓鬼是亡者在墮入地獄「餓鬼道」之後變成的鬼。

　有神明身分的鬼，是具備神通力、可以保護人類的守護神。秋田縣男鹿半島傳統活動當中的「生剝」，據說就是鬼的化身，會巡視家家戶戶為人們除厄（參考182頁）。日本各地都有這類祭祀山之精靈的鬼神信仰。就連都市地帶也從飛鳥時代後半起，家宅的屋頂上也開始將鬼面意象的「鬼瓦」作為裝飾來驅邪。

煩惱的象徵「天邪鬼」 Column

「天邪鬼」是一種不斷違抗人類的小鬼。在佛教領域，守護神四天王等佛像腳邊的鬼，則被認為是象徵人類的煩惱。原先則是指毘沙門天盔甲上的鬼面「海若」。

〈紅葉狩〉鳥山石燕（引用自《今昔百鬼拾遺》）
有著「紅葉」之名、外貌為女性的鬼。從和服裡面伸出的手腳是野獸的姿態。

Culture

美麗的鬼女「紅葉傳說」

信濃國（現今長野縣）戶隱山相傳住著一個名為紅葉的鬼女。

武將平維茂去戶隱山賞紅葉的時候，遇到了神祕的女性正在開宴會。維茂參加宴會、喝醉了打盹，後來那名女性便消失了。維茂醒來以後為了弄清楚對方的身分而往深山走去，發現那女性是名為更科姬的鬼女以後，手持山神神劍在奮戰一番後打敗對方。

這是能樂、淨瑠璃、歌舞伎當中的《紅葉狩》故事。室町時代的軍記物《太平記》之中，武將多田滿仲在戶隱山用來斬鬼的刀被命名為「鬼切」，也有人認為這個故事便是鬼女紅葉傳說的由來。

為水難意外敲響警鐘的水神

河童

【kappa】

居住在生命源頭的水邊
扮演了水神、妖怪等各種角色

存在於人們的周遭，雖然可怕卻充滿人情味的水神

於可怕傳說到幽默民間故事都占據一席之地、相當受歡迎的，便是妖怪「河童」了。祂被人視為水中這個異界的神明來祭拜，也被認為是相當可怕的魔物。

祂的由來說法五花八門。有一說是中國的水神河伯，祂的身邊總是帶著僕人鱉，這樣的形象傳到日本以後，就轉變為有著滑溜身體並且背負著甲殼的樣貌；也有一說認為是中國的河流精靈「水虎」的概念傳入日本。

除此之外還有神佛習合教義之中的說法，認為祂應該是疫病之神牛頭天王的孩子，由來真的相當多樣化。

民俗學者柳田國男提出的「凋零的水神」說法特別有名，也就是神明在冗長的歷史洪流中遭到遺忘，流落到有人類居住的水邊以後，因為做了壞事而遭到懲罰。

河童其實是水豚？ History

在各地的河童當中，愛媛縣就認定河童的真面目是水豚這種哺乳類動物。牠們能夠巧妙地在水中游泳、又非常喜歡玩耍，這些都符合河童的特徵。八幡濱市還留有傳說故事，內容是船隻看到水豚招手而靠過去，結果因此擱淺。

青森縣津輕地方流傳的河童被稱為水虎，是會把孩童拖進河流中的危險妖怪，但是當地人也會在河川附近祭祀「水虎大人」，將祂當成避免水難的守護神。

過去在東京都內也會在夏天時放流當季的小黃瓜、拜託河童保佑大家不會遇到水難以後，才讓孩子到河邊玩耍。

在這類風俗習慣中，河童擔綱的任務就是提醒大家水難意外的危險。

雖然大家都知道河童喜歡小黃瓜，不過據說理由其實源自於「小黃瓜或胡瓜等瓜類寄宿有水靈」的信仰。

小黃瓜也是祇園祭使用的祭品，這是由於祇園信仰其實是疫神信仰，而一般認為水神河童的靈力，能夠封鎖那些會讓傳染病擴散的惡靈。

夏天時水難及傳染病會增加，而在此時收成的小黃瓜是最適合用來供奉給守護神河童的祭品。

另外，過往認為河川氾濫、或者乾旱的水源不足以及水難等，都是起因於水神的憤怒。

等到治水技術隨著時代進步以後，原先對於水神的畏懼也逐漸淡薄。可能是因為這樣，神明才會被當成了妖怪、甚至還被人們稱為河童。

河童的特徵是頭上的盤子、背殼、尖尖的嘴巴等，但這些都是到江戶時代才定型的。

然而河童的樣貌，其實會因為時代及地區而有所不同。比方說九州地方的故事裡，祂會在不同季節變身為鳥或者猿猴等其他樣貌；也有些地方認為祂在上岸後會變成猿猴。中國、四國地區則直接把河童稱為猿侯，也認為祂的樣貌就很像猴子。

另外，猿猴與河童雖然外貌不同，卻被認為存在著密切的關係。

在各地的傳承當中，有提到河童將馬拉入水中的故事。通常故事都會描述馬要被拖下去的時候，河

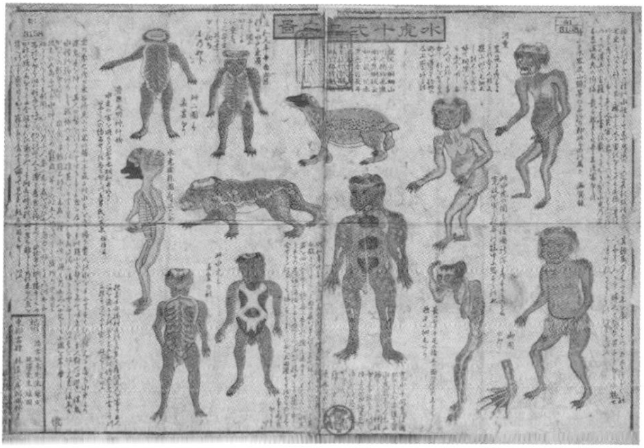

〈水虎十貳品之圖〉坂本浩然（國立國會圖書館藏）
江戶時代後期描繪的12種河童。共通特徵是頭上有盤子。

童會被人類抓住。同時，人們還會砍下祂的手臂，並且還要祂簽約表示以後絕對不再惡作劇，而祂因為感謝人類饒過自己一命，因此便會將密傳的藥送給人類作為謝禮。

這個失敗故事被稱為「河童拉馬」，推測故事本身應該是從「猿駒引」圖聯想而來的，這張圖是畫出猴子原本想讓馬冷靜下來，結果卻被拖著走的場面。

在鎌倉時代的圖畫中也常出現馬廄裡面飼養猴子的畫面，這是因為當時的人認為猿猴是能夠安撫馬匹的動物。

雖然人類認為河童和猿猴的關係密切，但猿猴成了馬的夥伴，河童卻被馬拖走，這樣的表現實在非常幽默。

Culture

河童報恩

戰國時代武將，統治伊予國（現今愛媛縣）高山城的城主宇都宮正綱是與河童有關的名人。正綱於某個夏天黃昏時刻，在河裡為馬匹洗澡時，卻有某個人要將馬拖進河裡。正綱扯掉對方的手，這才發現是河童。那天晚上河童出現在城裡，要求正綱把手還給祂。後來河童並沒有忘記這個恩惠，每天早上都會送一條鯛魚到高山城去。幾年後正綱戰死沙場，據說大家一直都能聽見河童弔祭他的哀鳴。

祭祀正綱的西予市若宮神社，在明治時代建造了抱著鯛魚、宛如鎮守狛犬的河童像。這類河童外貌的狛犬相當少見，以全國獨一無二的狛河童像聞名。

具備異界最強靈威的靈獸

龍 【ryu】

由中國傳來、與日本的水神結合
帶來恩惠與暴風雨的龍蛇神

中國自古流傳的龍，其傳承起源眾說紛紜。最有力的說法是由於看到鯨魚或恐龍等上古大型

在地上呼嘯的龍捲風 被認為是龍升天的姿態

龍與寶珠 Keyword

龍的象徵之一是祂們前腳抓的那個玉球。這是被稱為如意寶珠或如意摩尼的玉石，具有實現人類願望的力量。地藏菩薩手上拿的也是這個如意寶珠，都代表祂們是保護人類免於災難的存在。

動物的化石，進而聯想到的。

就像是要證明這一點，恐龍等化石被視為一種名為龍骨的漢方藥材來使用。除了這些化石以外，加上大型爬蟲類中已經滅絕的某些鱷魚、蜥蜴的概念，以及人類對於蛇類的本能恐懼，同時又跟龍捲風和泛濫的河流光景全部結合在一起以後，可能就因此產生了龍的樣貌。這種龍的概念從上古就存在於全世界。

同時龍也被認為是一種靈獸。西元前寫成的歷史書《史記》當中提到，西漢第一位皇帝劉邦出生前，其父劉太公在夢中見到妻子（也就是劉邦之母）劉媼騎乘在龍上。據說從今以後，龍就被當成了皇帝的象徵。

另外，西元前中國的十二生肖就包含龍在內，顯示其位居重要地位。

古代中國的龍的概念被引進至日本以後，和支配水的神明、也就是蛇結合在一起。因此誕生了獨特的龍蛇神概念。

在治水與灌溉技術尚未發達的時代，龍被認為是能夠降下恩惠之雨的存在，但祂也能夠呼喚雷電及暴風雨等威脅，而龍捲風便被認為是其升天的樣貌而受人畏懼。

之後隨著時代變動，原先生存在異界的龍也開始被擬人化及神格化。

第一代天皇神武天皇被認為是由龍所生，神話中的八岐大蛇，以及海神八尋和邇所居住的龍宮，也一直流傳到現在。

日本的神佛界在進入奈良時代以後，便認為龍是神明而非象徵權力的怪獸。

因此若有地區發生河流泛濫或者乾旱，就獻上食物或者活祭品給龍神；又或者請高僧祈禱來進行祈雨儀式。

另外在毒蛇較少的東亞地區大部分都是類似的情況，人們認為蛇是具備強大生命力，且非常吉祥的動物。同時牠也是農業害獸老鼠的天敵，因此在民間信仰當中是相當重要的神明。

之所以會認同這些概念，也是因為日本同樣是一個把水視作神聖之物的國家。

代表階級的龍爪 Column

在古代中國，龍爪的數量代表階級。五爪龍是最高權力之人的證明，因此這個圖案只有皇帝可以使用。這個概念在日本也受到重視，德川家相關遺物中，出現龍圖案的幾乎都是五爪。

奈良時代，因為神佛習合的關係，因此龍便負責起守護佛教的工作。日本的寺廟四處皆可見到描繪著龍的圖樣。

尤其是僧侶學習佛教之處的法堂，天花板上經常都有龍的圖樣。這是由於

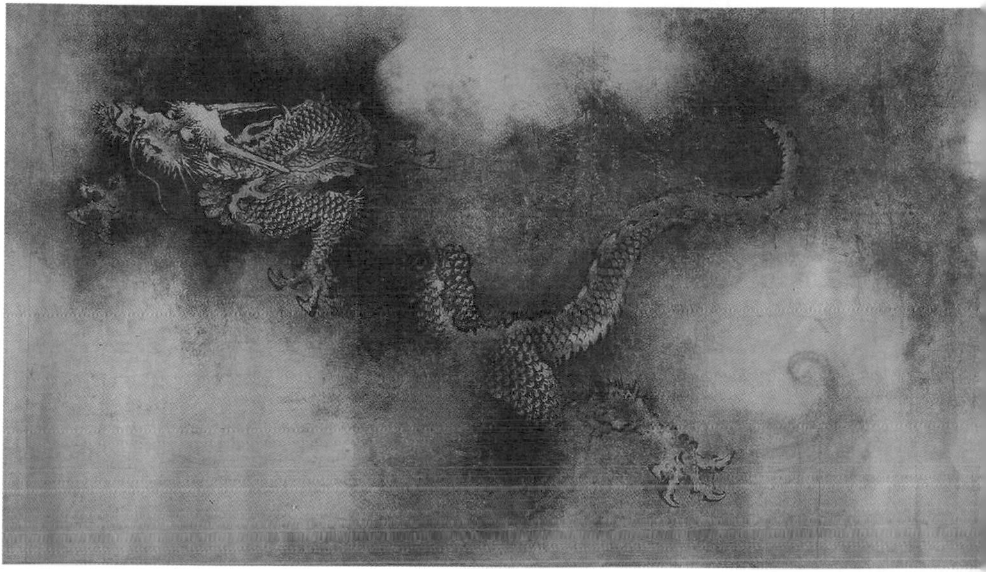

〈九龍圖卷〉陳容（波士頓美術館藏）
1244年的中國作品，雲中有9條龍在飛舞。

龍除了雨水以外，也能夠將佛教教誨有如佛法之雨般降在世人身上。龍的圖像肩負如此重要的工作，因此通常會委託知名的畫家，不過也有些故事提到因為畫家畫得實在太好，結果龍因此獲得了生命而逃跑。

中國也留下了相同的傳說。有位張將軍在寺廟牆壁上畫了一條龍，卻沒有畫上眼睛。看見的人都嘲笑他，於是張將軍只好畫上眼睛，結果龍便從牆壁一躍而起飛走了。這就是成語「畫龍點睛」的由來。

Culture

有9個頭的九頭龍傳承

長了9個頭的毒龍九頭龍傳承在各地皆有流傳。神奈川縣蘆之湖的九頭龍，據說是757年來到此地的僧侶萬卷上人花費了21天修練才將之降伏。結果九頭龍變化成一名天女的姿態，發誓會服從上人。上人之後祈禱了7天，為了祭祀那成為龍神的九頭龍，在湖中蓋了九頭龍神社、也為了祭祀山神而建立了箱根神社。

如今，每年都還是會在蘆之湖進行一次祭神活動。

發出令人膽寒聲響的怪獸

鵺

【nue】

讓平安時代眾人畏懼的怪物
其身上隱藏著文化背景

源自於十二生肖的方位，具備猴臉、虎體與蛇尾

怪物「鵺」相傳出現在平安時代的京都，它有著猿猴的臉、狸貓的身體、老虎的手腳和蛇樣貌的尾巴，會在晚上發出「咻～」的詭異鳴叫聲。它不可思議的樣子就像是許多動物融合在一起，因此日文當中「如鵺一般」就是用來形容「真面目不明」的感覺。

其實鵺是虎鶫這種鳥類的古名。虎鶫高約30公分，翅膀展開來可以看見黃色和黑色的斑紋，同時有在晚上鳴叫的習性。虎鶫在《古事記》和《萬葉集》當中被記載為「夜啼之鳥」，同時被認為是運送靈魂的靈鳥，但由於叫聲實在太詭異了，因此最後也被人叫做「地獄之鳥」。

而平安時代認為「半夜出現鳥鳴表示有凶事」，在京都出現的怪物叫聲也是同樣的情況，所以才會和鳥的名字混淆了。

吃人之鵺

History

棲息在赤崎浦（現今福井縣敦賀市）的鵺是會攻擊人類的怪鳥，據說是靠著所有居民一起向神佛祈禱才得以擊退它。敦賀的神社祭祀活動之中，就有一個在陰曆的大年初一，用雙股蘿蔔（身體）和切塊昆布（翅膀）做成鵺的活動。

關於鵺的傳說是因為鎌倉時代軍記物《平家物語》而開始出名的。

平安時代末期，每天晚上都會有個詭異的鳴叫聲和黑雲一起出現在天皇居住的御所，於是天皇一病不起。

有一天晚上，領命要擊退怪物的使弓高手源賴政頭上湧出一片黑雲。賴政看見雲中有某種奇怪的東西，於是用山鳥尾羽製成的箭射了過去。

那支箭命中了怪物，掉落在二條城附近，是一隻由各種野獸融合在一起的怪物。他的部下豬早太給了怪物最後一擊，最後天皇的身體也恢復了，因此將名刀獅子王賞賜給了賴政。

《今昔畫圖續百鬼》〈鵺〉
上面記載著這是居住在深山裡面的怪物鳥類，生著猿猴臉龐與老虎手腳，同時有一條蛇樣貌的尾巴。

雖然擊退了鵺，但是人們畏懼它的屍體會作祟，因此用船放流到鴨川，之後又產生了許多傳說。在《平家物語》當中說船漂流到大阪東城郡以後，被打上蘆屋川與住吉川之間的河岸。現在蘆屋公園的一角也設立了「鵺塚」。

另外在俳諧集《蘆分船》裡面則是提到船抵達淀川下游，因此在都島區也留下了「鵺塚」。另一方面，京都清水寺也留有埋葬鵺的傳承，還有現在於岡崎公園運動場附近也能看到「鵺塚」。

鵺

並不是由中國傳進日本的外來生物，而是日本原創的怪獸。它的樣貌是將實際存在的動物特徵合併在一起，而用這種創造方法誕生的怪獸，包含歐洲的翼獅、南美的羽蛇神翼龍和中國的玄武等。

然而鵺的合成當中應該隱藏著日本獨特的陰陽道文化。

鵺的主體是猿猴、老虎、蛇，這些都是屬於十二生肖當中的動物。而從方位來看，猴（申）屬西南西、虎（寅）屬東北東、蛇（巳）則屬南南東，而賴政的部下豬早太名字裡的豬（亥）則是對面的北北西，是對角線上的組合。

有一說認為賴政實際上並不是用箭射下怪物，可能是使用蟇目（一種會發出聲音的響箭）射向四方進行除魔活動。

另外也有傳說認為鵺的身體是狸貓，或者部下並非豬早太而是丁七唱，因此前述的內容也不一定就是真相。只是鵺的樣貌似乎隱隱約約包含了陰陽道中體現異界的思想。

Culture

關於鵺神社

京都市的二條城有祭祀鵺大明神。據說在850年前，源賴政擊退的鵺就是掉落到這個地方，而賴政便是在此神社旁邊的「鵺池」清洗沾有血跡的箭矢。

說起來鵺大明神本身其實是相當新的東西，這是在昭和9年的時候整理好鵺池所在的二條公園時才建立的。

神社的旁邊有「鵺池碑」，銘刻著源賴政的功績。據說箭簇本身被供奉在神明町的神明神社裡面。鵺的屍體則從賀茂川放流出去，最後抵達大阪。

帶來幸福、代表吉兆的靈鳥

鳳凰

【houou】

由中國傳來，是為世界帶來平安的象徵
進化為日本獨特的美麗姿態

將鳳凰設置在神轎上的文化是為了祈求天下安寧

呼喚幸福的四靈（四端） History

在古代中國的傳承當中，將四種帶來幸運的靈獸稱為四靈。除了鳳凰以外還有會在太平之世現身的麒麟、甲殼上背負著「蓬萊山」的巨大靈龜、以及隸屬於帝王黃帝的應龍。這些靈獸據說都是出現在賢明君主的時代。

鳳凰也經常出現在日本祭典中盛行的神轎裝飾上，因此相當為人熟知。這是由中國傳入的靈鳥，象徵吉祥與調和。

根據中國神話，與開天闢地的創世神盤古共同誕生的四靈打造出五行（金、木、水、火、土）、季節（春、夏、晚夏、秋、冬）、方位（東、南、西、北、中央）。在這之中，鳳凰執掌火、夏季、南方。

在中國最古老的辭典《爾雅》的記述中，鳳凰的樣貌是雞嘴、魚尾、龜背、蛇頸、燕顎，全身五色斑斕。之後隨著時代演進，逐漸演變成有著孔雀般華麗的尾羽。

在歷代王朝中，鳳凰都代表了德與智慧。原本鳳是雄鳥、凰是雌鳥，但是在將龍視為帝王象徵的中國，鳳凰也成了皇后及妃子的象徵，因此鳳凰給人一種雌鳥的印象就變得比較強烈。

〈白凰〉
以豪氣干雲的線條，表現出活靈活現樣貌的白凰姿態。

鳳凰在中國具備神聖的形象，於奈良時代與佛教文化同時期傳入日本。目前已在大量染織品及生活用品上確認有著鳳凰姿態的圖樣，而鳳凰圖樣到現今都還為人所使用。

平安初期的法令集《延喜式》當中記載「鳳」的樣子是「形如鶴、身具五彩、雞冠、蛇頭、龍等集合樣貌」。

鳳凰的設計後來在日本也逐漸被修改成日式風格，平安初期矗立在京都宇治平等院鳳凰堂中堂的那對金銅製雕像便是最具代表性的，顯示出此時鳳凰已經轉變為有著華貴而美麗尾羽的樣子。

會被稱為鳳凰堂，據說是因為寢殿造的建築物平面圖，看起來就很像是鳳凰展翅的樣子。

在日本，鳳凰也代表了天子。天皇所乘的輿，就在屋簷上裝飾了鳳凰，也被稱為鳳輦、鳳輿。這就是祭神活動當中不可或缺的神轎起源。

據說鳳凰出現則天下太平、國家平安。因此建造宇治平等院鳳凰堂的藤原賴道，應該也是希望鳳凰能夠為世界帶來平安，祈禱極樂淨土之佛的慈悲能夠保佑世人吧。

〈旭日鳳凰圖〉伊藤若沖
一對雌雄鳳凰停在岩石上的圖畫。

Culture

鳳凰與桐木

在傳統圖樣當中經常與鳳凰畫在一起的東西是「桐」。例如花牌裡面12月的20分牌「桐與鳳凰」。這個圖樣據說是來自中國傳說。古代中國傳說只要有賢明君王即位，鳳凰就會現身，因此是個吉兆，而桐木被認為是鳳凰棲息的樹木，因此也相當神聖。這個想法傳到了平安時期的日本，因此天皇的服裝及生活用品等處也會使用鳳凰及桐木的圖樣。另外，桐木冬天不會開花，之所以被列為花牌的12月牌，據說是用來表示「桐木是最後一項，到此結束」的意思。

守護眾神的守護獸

狛犬

【komainu】

誕生於古埃及的靈獸
為了守護神佛而遠渡到日本，最終成為狛犬

奈良時代以前是兩頭獅子，狛犬則是誕生於平安時代

狛犬是在神殿或神社這類眾神居住的異界入口負責警備任務的守護獸。

原先有「獅子」和「狛犬」這兩種，面對祂們時右邊張著嘴、沒有角的是「阿像」獅子；左邊閉著嘴巴、頭上有角的則是「吽像」狛犬。

以往祂的名字會被寫作「高麗犬」，因此曾有一說認為是從14世紀以前存在於朝鮮半島的高麗國傳來的文化，但也有人認為「狛」指的是中國本土周圍，因此是日本對這種來自海外的未知靈獸做出了自己的解釋，給了祂狛犬這個稱呼。

雖然眾說紛紜，但是源頭可以追溯到西元前的古埃及，也就是西方傳說中作為王的守護獸而建造的埃及斯芬克斯，還有印度負責守護佛而被刻在佛像底座上的獅子。

印度的獅子後來成為古代中國王座兩旁擺放的獬豸和用端這兩種靈獸，祂

狛犬原本頭上有角

History

平安時代以前，頭上有角的是狛犬，沒有角的是獅子，兩者是有區別的。但是到了鎌倉時代以後，樣式開始被簡略化，因此雙方都沒有角的樣子也變得普及。

們渡海來到日本、被賦予保護天皇玉體這個任務，成為了狛犬。

平安時代到鎌倉時代之間，狛犬大多是擺放在室內的金屬、陶器或者木像。

進入奈良時代，日本開始會在佛像前放置兩頭獅子。到了平安朝，朝廷和貴族婦女為了驅魔，也會用這種形象的器物壓住臥房的几帳或者屏風。

當初會把獅子和狛犬區分開來，可能是因為在傳入日本前，中國正好開始意識到非對稱性這樣的思維，因此在日本才會出現和獅子樣貌不同的狛犬。但是兩者到了最後仍然融合為單一種狛犬。

時間來到鎌倉時代，日本開始大量製造目前常見的石造狛犬。

最初是擺放在神殿大門前，隨著時代演變，開始被移動到拜殿前、甚至是鳥居的前面，強化其守門的性質。

在狛犬越來越大眾化以後，雌雄一對的姿態就被拿來代表夫唱婦隨；小獅子和小狛犬則象徵子孫繁榮、五穀豐收。

由於神佛習合的關係，因此祂們也經常被擺放在神社前，雖然明治時期曾施行過神佛分離的政策，但沒有受到影響而留存至今的便是現在的狛犬。

狛犬有所謂阿像與吽像，據說其由來是源自於弘法大師（空海）傳進日本的密教。

古印度的梵文當中，a（阿）是嘴巴張大時最初始的音、而m（吽）則代表嘴巴完全閉起來、是結束的音。因此阿、吽就代表了宇宙的起始與終結。

密教由此概念認為阿、吽是體現萬物根源的詞彙，配置阿像與吽像就表示神殿是萬物存在的神之領域。

在基督教領域也有這類文字遊戲的表現手法。

最初的文字與最後的文字「阿爾法、歐米迦」就代表「神」的意思，被使用在儀式上。

日本人的美學意識，非常喜歡左右不對稱的樣貌，因此兩頭狛犬以「阿吽呼吸」同心協力守護神明、活力十足的姿態，對於世人來說是相當有親和力的吧。

狛犬之所以能受到廣大群眾的歡迎，其箇中祕密可能就在這裡

狛犬與獅子的不同

狛犬幾乎都是張著嘴巴的阿形獅子與閉著嘴巴的吽形狛犬搭配在一起。一般來說，其形貌如下表所示。

	獅子（阿形）	狛犬（吽形）
角	無	有 ※但也有很多沒有
耳朵	下垂	直立
鬃毛	多捲毛	多直毛
表情	嘴巴張開 給人生氣的感覺	嘴巴閉起 給人文靜的感覺

Culture

日本最古老的石造狛犬

奈良東大寺南大門的「狛犬像（石獅子像）」是日本最古老的石造狛犬，同時也被指定為重要文化財，是相當貴重的存在。

推測這組狛犬是在1196年建造的，作者可能是鎌倉時期為了重建東大寺，而特地從中國招聘到日本的宋朝石工。

原先是擺放兩頭獅子像，但是到了平安時代左右，開始將其中一隻換成狛犬的樣子。

此對南大門的狛犬最有趣的特徵，就是雙方都是阿形像，同時目前已知建造當時應該是上了全彩的。

不老不死的人魚傳說

人魚

【ningyo】

提到人魚就會想到那個浪漫的童話故事
但日本也有自己獨特的傳說

「八百比丘尼傳說」的信仰流傳到日本各地，人魚不老不死的傳說深植人心

無論東西方，提到異界的居民，最具代表性的恐怕就是「人魚」了吧。半人半魚這種奇怪生物最古老的紀錄是西元前720年在亞述王國（現今伊拉克北部）宮殿的浮雕上，描繪了男性人魚像。之後人魚的族譜一直綿延不絕。

在西方世界，到了15世紀左右的大航海時代，據說因為船員發現了海中動物儒艮，人魚真的存在的說法便流傳到世界各地。

另一方面，人魚在日本的樣子則有些不同。中國的傳說曾提到一種有魚類身體及猿猴頭部的動物，在鎌倉時代的世俗故事集《古今著聞集》中就指稱「可能是人魚」，因此是一種樣子有點類似皇帶魚的大型魚類。另外在《日本書紀》當中提到7世紀前後在大阪府附近，曾抓到「像是小孩子一樣的魚，不過那是既非魚也非人類的生物」。

人魚傳說之地：八百比丘尼入定洞 History

八百比丘尼在回到故鄉以後，於福井縣小濱市小濱男山的「空印寺」的洞窟入定（即身成佛）。那個地方被稱為八百比丘尼入定洞，後來由於坍方因此入口進去沒有幾步路就被堵塞了。這個洞現在是觀光勝地，為了祈求長壽而前來的人絡繹不絕。

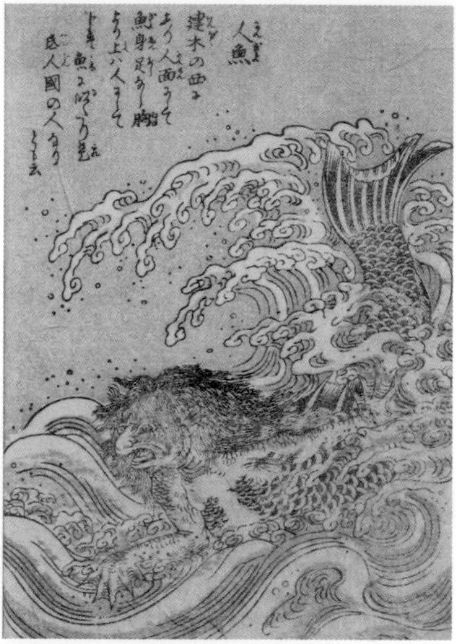

《百鬼夜行》3卷拾遺3卷〔2〕鳥山石燕
有著人臉和魚體的妖怪樣貌人魚。

日本的人魚傳說當中最有名的就是八百比丘尼的傳承。

從前在若狹國（現今福井縣）有個叫做高橋權太夫的男性。

有一次權太夫來到一個很奇妙的島嶼，在王的宮殿受到盛大的招待。酒宴上端出來的盡是一些稀有的山珍海味，然而其中卻出現一種會抖動、有點噁心的肉類。據說那是吃了可以不老不死的人魚肉。

權太夫將那人魚肉當成伴手禮帶回家，讓自己的女兒吃下去。女兒到了120歲的時候削髮為尼、雲遊全國，最後回到故鄉活到800歲才走進洞窟入定。

這樣的故事成為希望能夠長壽且無病無災之人的信仰對象，流傳到全國，因此人魚的不老不死信仰也深植人心。

另外在江戶時代，人魚木乃伊的展示活動也相當受歡迎。

當然木乃伊本身其實是把猴子和魚類接合在一起的加工品，但是從江戶時期到明治後期都有人在生產這種東西，甚至還出口到國外。

至於日本國內，收藏這類木乃伊的寺廟其實也不在少數。

最近一直收藏在岡山縣倉敷市圓珠院內的木乃伊，也因為有大學研究單位基於對文化及科學方面的興趣，開始使用CT檢驗等工具對其進行分析，也因此引發了討論話題。

〈觀音靈驗記 西國巡禮三拾二番近江觀音寺 人魚〉廣重、豐國（國立國會圖書館數位館藏）。圖上描繪的是聖德太子在遊歷近江（現今滋賀縣）的時候，人魚從琵琶湖中現身的場面。

Culture

聖德太子擊退的人魚

日本最初的人魚紀錄留存在《日本書紀》當中。619年，有3隻人魚出現在滋賀縣的佐久良川，化身為農民居住在那裡。當時大家認為人魚會帶來不好的傳染病、相當惹人厭，因此那些人魚被趕走，它們也因此逃到河流的「小姓深淵」。但是據說聖德太子打敗並且抓住了它們。現在留在這裡的「人魚塚」埋葬了其中一隻人魚。而另外兩隻人魚被做成了木乃伊，分別安放在不同的寺廟。

其他傳說則提到身為琵琶湖之主的大鯉魚和投水的女性生下的人魚附身在醍醐天皇身上，被打敗以後就被埋葬在塚中。過往經過這裡的人有拿小石頭丟那塚石的習慣。

死後仍然存活的靈魂

靈

【rei】

幽靈會成為對人類作祟的可怕存在
是源自於地獄等價值觀的影響

由祖靈信仰而生的守護靈、生靈、怨靈等幽靈面貌

恐怖電影幾乎可說是日本夏季的風情，同時還有相關的戲劇、鬼屋等。

其中的主角「幽靈」被認為會做出一般人看不到的奇妙行動，有時候還會現身嚇人，留下一些教訓，不過也可能讓人感到開心。

幽靈是從異界「彼岸」回來的「死者之靈」、「無法成佛的靈魂」。幽靈出現在文獻當中的初期案例，是平安時代的佛教故事集《日本靈異記》。有名僧侶在山上找到一副骷髏，於是讓隨從將它放在樹上，結果幽靈現身報恩，這個故事被稱為「枯骨報恩」。

在《日本靈異記》完成的三百年後寫成的《今昔物語集》之中也出現了幽靈。宇多院（宇多天皇）來到他受領的宅子以後，晚上有個男人進到房間，說這裡是他家、一臉哀怨地抗議。實際上，這是過去的家臣成為幽靈現身。

為何幽靈沒有腳？ History

日本的幽靈「沒有腳」。最古早是在江戶時代初期的淨瑠璃《花山院皇后之爭》劇本插畫裡有個沒有腳的怨靈。據說這個概念是來自歌舞伎演出中幽靈的角色通常會穿著灰色且下襬較窄的衣服來遮住腳部，後來這種樣貌就逐漸被世間認定為幽靈的樣子。

原本日本人的觀念中就認為靈魂和肉體是分開的，就算肉體毀滅，靈魂也依舊會繼續活下去。

民俗學者柳田國男說明這是屬於祖靈信仰，認為先祖的靈魂會施恩惠給子孫。平安中期的幽靈都相當和善，正是因為他們是來自祖靈信仰。

但是到了中期以後社會愈發不安，因此大家開始認為幽靈現身的目的是「解決留戀」。

有一說認為佛教傳進日本以後，日本人便建立起4個他界觀，也就是黃泉之國、地獄等「地下他界」；海神居住、長久不變的「海上他界」；天孫系統居民的祖先神居住的「天上界」；超越人智的超常存在所棲息的「山中他界」。

在這些他界當中，特別具宗教性的「地下他界」的思想和祖靈信仰結合，因此幽靈也逐漸轉變為不易接近、令人畏懼的對象。

基於這段過程，靈被打造出怨靈、浮游靈、生靈、守護靈等各種性格，進而催生出像是菅原道真這類怨靈、《源氏物語》作品中由於嫉妒而成為生靈的六條御息所等。與妖怪相比，逐漸轉為帶有悽慘印象的樣貌。

以怪談的形式傳得若有其事的幽靈目擊故事，到了江戶時代集結成《雨月物語》、《牡丹燈籠》、《四谷怪談》等名著怪談故事；也透過卓越的畫家們之手打造出水墨畫或浮世繪、說書、歌舞伎、草雙紙等各種媒

雲是死者的交通工具

Column

平安時代的歷史書《日本文德天皇實錄》和《今昔物語集》內容都提到雲是幽靈的交通工具。雲是一種神、佛、鬼等超越存在之物的交通工具，也有著連結異界與現世的概念。

《畫圖百鬼夜行》鳥山石燕〈幽靈〉
女性幽靈的額頭上戴著額烏帽子，穿著白色服裝。

體描繪，因此帶起一股風潮。我們想像的幽靈，大多屬於這個時期催生的概念。

自古以來，物怪就會在日夜交替的「黃昏時分」（逢魔時刻）來到夾在城鎮與無人居住的荒地之間的「路口」，也就是異界與現世交界線現身，但是到了江戶時代，幽靈會於丑時三刻（大約是凌晨兩點）出現在墓地或者柳樹下。

這個形態是由於江戶時代初期因為幽靈畫而風靡一世的畫家圓山應舉，他所畫的圖是穿著白色服裝、頭戴天冠（三角頭巾）、臉色蒼白而髮絲零亂的逼真死人樣貌。這些到了江戶時期形成的幽靈樣貌，就如大家所知，目前仍廣為流傳。江戶的小型劇場「中村座」，於文政8年（1825）初次上演《東海道四谷怪談》，而初演7月26日也就成了「幽靈之日」紀念日。

Culture

幽靈與妖怪有何不同？

「幽靈」和「妖怪」兩者究竟是否為同類，其實學者也是意見分歧。

民俗學者小松和彥認為妖怪是「居住在與自己生活的世界不同的那一邊、受到祭祀的有靈性存在」，因此將幽靈定義為「妖怪的一種，特殊的死靈（＝以生前的樣貌出現在生前的親人面前）」。

另一方面，柳田國男一派的學者則認為妖怪是「源自繩文時代的泛靈論（認為萬物皆神明的思想）的東西」，而幽靈則是「與彌生時代祖靈信仰相聯繫的東西」。

同時柳田國男在其著作《妖怪談義》當中也說明「跟著人走的是幽靈、跟著地方走的是妖怪」。

在天界飛舞的美麗存在

天人、天女

【tennin/tennyo】

在日本或東亞於民間故事及傳説中流傳的天女
一般認為是居住在天界的絕世美女

天人據說居住在天上界，會身穿羽衣在空中飛舞，是超越自然的存在。

在傳說又或者是民間故事裡面會稱祂們為「天女」，是因為大部分都是女性的樣子，很少有男性出現。

據傳在天界存在實體並居住在欲界與色界的，幾乎都是絕世美女。

天人在佛教的領域有時代表著「居住在天界的神明」，會在淨土演奏天上的音樂、降下天上的花朵，讚嘆佛與淨土。

在佛教繪畫作品描繪的「飛翔在空中的人」又稱為飛天，有些論點認為起源是來自東方或者波斯，原先應該是精靈的一種、通常被描繪為生有翅膀之人。在西方流傳的相似概念就是天使。

東洋這邊流傳的則是飛天，將重點放在裝飾性質高的天衣上，因此逐漸演變成天女的形象。

在天界的上空飛翔、有著美麗樣貌的天人，是人們的憧憬。後來在日本民間故事當中也開始出現天人，在各地都流傳著與人類男性結婚的「天人妻子」故事。

天人之舞與佛教的時間單位「劫」

Culture

佛教有個時間單位是「劫」。據說在40里的大岩石上每過100年，天人就會在那裡舞蹈一次，而岩石因為羽衣碰觸而削減到一點不剩的期間就是一劫。在落語《壽限無》當中有提到「五劫之時」，意思是一劫的5倍時間，意味著永恆永久的時間。

化為天鵝的樣子翩翩降臨到地上界，「羽衣傳說」中的天女

〈月宮迎〉（引用自月岡芳年《月百姿》）
圖上描繪的是輝夜姬回去月亮的樣子。

天女傳說之中最有名的就是「羽衣傳說」。最古老的資料應該是滋賀縣的《近江國風土記》，裡面提到8位天女以天鵝的姿態降臨的傳說。

天女降落到地上的河流或湖泊洗澡的時候，有人類的男性藏起天女的衣服。天女因此無法回到天上，只好和該名男性結婚。後續發展則有天女拿回羽衣回到天上，或者是丈夫也跟著追上去、最後兩人還是在一起等發展。

天女會被描繪成天鵝的樣貌是特徵所在，而且這不只在日本，而是全世界都有的現象。

和人類分離的天女，最有名的就是號稱日本最古老的故事，平安時代的《竹取物語》當中的輝夜姬。

她原先是居住在月之都城的天人，但因為在天界犯了錯而被貶到下界。和這個故事相關的還有《萬葉集》中收錄的「竹取翁與仙女」的故事，內容則受到中國神仙思想的影響。

〈藥師寺吉祥天像〉作者不明（藥師寺藏）
奈良時代描繪的吉祥天。左手拿著如意寶珠、身穿描繪有菱形圖樣的服裝。

Culture

佛教界的絕世美女「吉祥天女」

吉祥天女是賜予人幸福與財富的女神，同時也因為其美麗容貌而聞名。想要見見這種絕世美女·天女的真面目，可以前往京都府木津川市的淨琉璃寺，那裡珍藏了一座「木造吉祥天立像」，被指定為重要文化財。這座吉祥天女像是在1212年製作的，完全寫實地表現出經典《大吉祥天女念誦法》當中記載的「有如皮膚白皙的15歲女子」樣貌。與上圖〈藥師寺吉祥天像〉是一樣的形象。

由於該神像目前為止是每年只開放一次的秘佛，因此保存狀態非常良好，那明顯受到古代中國宋朝佛教美術和奈良時代影響的造型與華麗裝扮，依然流傳到現在。

Column 1

江戶時代的奇異現象？
擁有不可思議力量的幻獸

江戶時代，研究各式各樣動物、植物及礦物學問的「本草學」開始發展起來，因此發行了很多附插畫的自然物解說百科書籍。

比方說大阪的醫師寺島良安編撰的《和漢三才圖會》是多達105卷共81冊的大型百科全書，廣泛記載了包含動植物、天文、地理、人倫等五花八門的資訊。

像這類本草書籍，也會記載幻想中的動植物和怪物，其特徵是介紹許多中國神獸，比如「白澤」、「魃」、「水虎」等；也有「川太郎（河童）」或者「黑青」這些日本獨特的生物。裡面有很多擁有神祕力量的幻獸，洋溢著現代沒有的詼諧感。

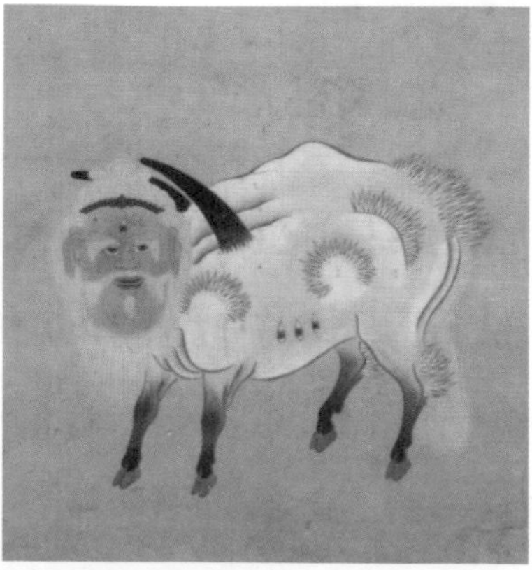

白澤

中國的聖獸，會說人話，據說會在有德王者的治世出現。臉上有三個眼睛、身體則有六個眼睛，特徵是半人半獸的樣貌。在江戶時代，白澤的圖片被認為可以驅邪，旅行的時候也會被人們當成守護符帶在身上。

〈白澤圖〉城間清豐（自了）

黑青

日本的怪獸，和鼬很像。到了晚上會攻擊家畜牛馬。由於很聰明、動作又快，所以根本抓不到它。碰到它就會被攻擊臉和手腳，性格非常兇暴。

〈黑青〉寺島良安（引用自《和漢三才圖繪》）

魃

中國的神獸，人面半人半獸，只有單手單腳。奔跑起來疾如風，同時人們認為只要有魃的地方就不會下雨。

〈魃〉鳥山石燕（引用自《畫圖百鬼夜行》）

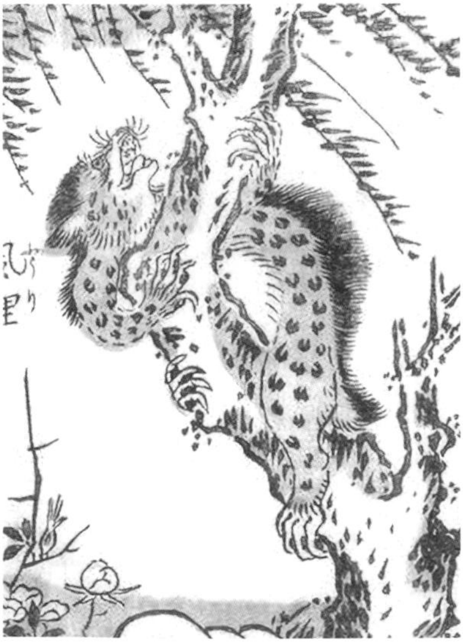

風狸

中國的怪獸。與猿猴有點像，紅眼、有著類似豹的花紋。據說到了晚上會像鳥一樣穿梭於樹木之間。

〈風狸〉鳥山石燕（引用自《畫圖百鬼夜行》）

第2章

動物與異類

人類在那些超越人類智慧、
具備各種能力的動物身上，
感受到一種神之威能，
因此將牠們視為神靈
或者神明的使者來崇敬。
本章將會逐一解說動物靈力的緣由、
以及由其神威性
所衍生出來的傳承。

貓 犬 狸 豬 鼠 馬 牛 兔 熊 狼 鹿 猿 狐
鳶 雞 白鳥 雉 貓頭鷹 鶴 烏鴉 大山椒魚 蛙 龜 蛇
蝶 蜈蚣 蠶 章魚 鯛 貝 鮭 鯉 鯰

同時具備靈力與妖力

狐

【kitsune】

最初是穀物之神稻荷神的神使
因密教信仰而催生出妖狐的形象

身為田地神明的神使，帶來五穀豐收的神聖動物

留下狐狸集合傳說的裝束稻荷神社 History

現在的東京都北區王子在江戶時代還是一片田地，當時那裡有棵大朴樹。到了除夕晚上，關東區域的狐狸都會集結到朴樹這裡，穿著正裝參拜關東稻荷總領・王子稻荷神社。朝著神社走去的龐大隊伍會展現出狐火樣貌，在全國相當知名。

喜歡捕食害獸老鼠的狐狸，在農業國家被認為是穀神的神使，相當神聖，甚至衍生出以狐狸叫聲或行動來判斷農作物豐收與否的儀式。

稻荷神是象徵稻穀的穀靈神兼農耕神，而狐狸究竟是在什麼時候被視為祂的神使，目前並不清楚，但應該與其在秋冬之際會來到人類居住處的習性、以及古代信仰息息相關。

信仰中認為山神在春天下山成為田地之神；於秋天收成後回到山裡，而狐狸的體毛與稻穗的顏色相似，因此就認為牠是跟隨在田地之神身邊的五穀豐收神使，因而受到崇敬。另外，狐狸給人狡猾的印象，應該來自中國傳說。

在百科書籍《和漢三才圖會》當中引用了中國的《玄中記》，說狐狸在50歲以後就能夠化身、１００歲就可以變成美女、到了１０００歲就可以上天成為天狐。

中國的妖狐形象在日本

《荼枳尼天》（引用自佛像圖彙）
乘坐在白狐上的荼枳尼天。
拿著寶珠、劍、稻束和鐮刀。

由於真言密教的信仰確立了妖狐的形象

成為神使擴散開來。稻荷神原先是山城國（現今京都府南部）的地方神明，在平安時代初期與佛教的真言密教結合，擴散到全日本。負責擔此重責大任的，就是真言宗的開山祖師空海。

空海將京都東寺作為真言密教的根據地，並且奉稻荷神為守護神明來祭祀。

其與密教的關係是來自荼枳尼天的坐騎白狐，因此狐狸在佛教系統當中就逐漸被認定是稻荷神的神使。

宗教性質的靈力與狐狸結合的例子，還有平安時代的陰陽師安倍晴明，據傳他是信太森那個地方的白狐之子。這個傳說被描寫在淨瑠璃《蘆屋道滿大內鑑》（通稱《葛之葉》）等作品當中，現在仍然相當受到歡迎。

戰國時代末期到近世，稻荷神由於具備土地神身分，因此在建造神社寺廟或城廓時，會請祂們前來鎮守。另外稻荷神社也因為商業與手工業發展這類時代社會的演變，在汲取佛教那種現世利益思想的同時，開始轉變為能夠回應民眾的需求。

之後隨著時代推進，稻荷神成為江戶這個巨大

〈班足太子與九尾狐〉歌川國芳
背景在印度的九尾狐故事。化作華陽夫人姿態的狐狸在寵愛牠的班足王面前，由於阿彌陀三尊釋放出的光芒而變回原來樣貌的場景。

都市的福神信仰中心，擴大為能夠全面守護食衣住行各方面、相當方便的神明。之後就逐漸轉變為目前的稻荷信仰，以及形成稻荷神的神使有著狐狸形象的概念。

　而這樣的稻荷信仰也有傳說將其與自古以來狐狸的神之威能連結在一起。目前大阪府堺市的少林寺有這樣一個故事。據說有個叫白藏主的僧侶，養著一頭3條腿的白狐。白藏主有個非常喜歡狩獵的外甥，有一次白狐就化身為白藏主的樣子，警戒他不可殺生。之後白狐被奉為「白藏主大善神」祭祀，這個故事也變成狂言《釣狐》的題材。狐狸原先應該是農耕神的神使，但也隨著時代變成與人類欲望息息相關的存在。

Culture

在亞洲各國肆虐的可怕妖狐們

　狐狸怪事當中最有名的，應該就是平安時代侍奉鳥羽上皇的美女玉藻前，也就是大妖怪九尾狐。牠的尾巴分裂成9條，據說這隻擁有強大妖力的妖狐毀滅了古代中國的商朝。

　在歷史書《神明鏡》等中世紀文獻當中指出，妖狐是由外地來到日本。而江戶時代的讀本《繪本三國妖婦傳》等書籍則寫下各種與玉藻前相關的故事，相當受到大眾歡迎。

　概要是妖狐想要蠱惑上皇，但是被陰陽師發現真面目，在栃木縣那須岳被打敗。妖狐在死後化為巨大的「殺生石」，這顆石頭在2021年的時候因為風化而裂開。

與太陽信仰有密切關係

猿

【saru】

在民間故事或者傳說當中都相當常見的猿猴
是同時被視為神聖和邪惡化身的特殊存在

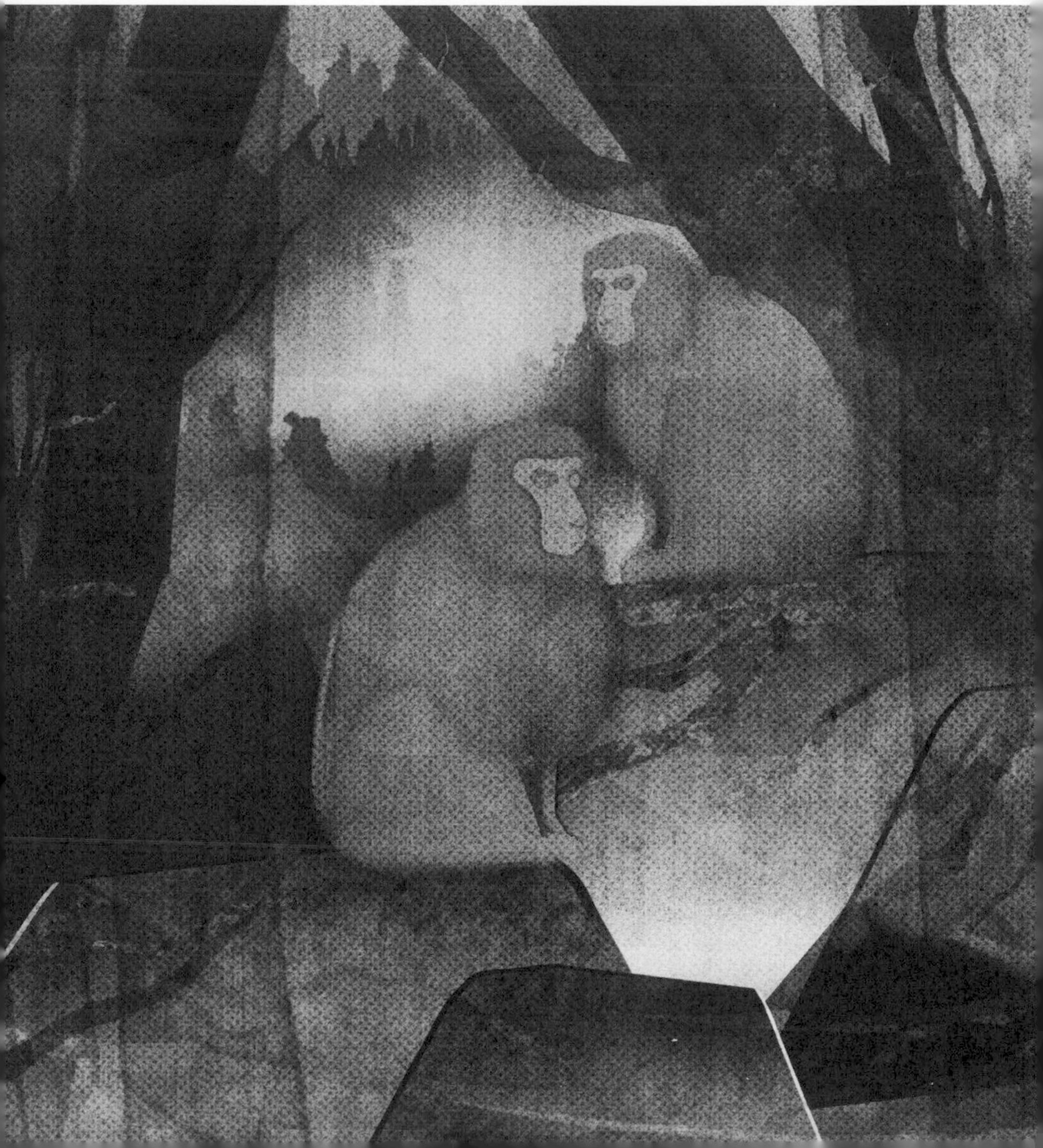

自古以來以山神身分受到畏懼，太陽信仰中的靈獸「猿神」

對於日本人來說，靈長類的「猿猴」是相當貼近人類的存在，自古以來就出現在許多民間故事或者傳說當中，世人都相當熟悉。雖然猿猴對於人類來說幾乎是親戚，牠們的姿態與動作也與我們相似，因此這也導致了牠們在作為神聖信仰對象的同時，也顯出邪惡的一面。

從前猿猴以太陽信仰中的靈獸「猿神」身分受到崇敬。這個信仰的由來，最有力的說法是因為猿猴的習性在日出時很容易群體騷動。太陽信仰與繩文時代展開的農耕相關，但是猿神的來源一般認為是從人們在猿猴棲息的山上這個異界放火，也就是「火耕」開始的。由於用火燒地之後看到吵鬧的猿猴，很可能就將牠們與太陽神連結在一起。

對於猿神的信仰便是如此產生的，在《日本書紀》當中說猿猴是「伊勢人神的使者」，看來在奈良時代牠們就成了天照大神的神使呢。

與猿猴極為相似的妖怪・狒狒 History

民俗學者柳田國男的著作《妖怪談義》裡曾提到各地山中棲息著近似猿猴的巨大妖怪「狒狒」。江戶時代的武藝者岩見重太郎也曾留下他在大阪擊退狒狒的傳說。實際存在的「狒狒」，其日文名稱其實就是來自妖怪的名字。

猿

猴也是神道流派之一．山王信仰（山王神道）之中的神使。位於滋賀縣的山王神道總本社，也就是山王總本宮日吉大社的主神是比叡山的山神大山咋神，而此地主神與棲息在山裡的猿猴扯上關係以後，人們便認為猿猴是山王的神使。

「日吉」這個名字也有人認為應該就是來自供奉地與太陽信仰有關，是古代的祭祀之地。

後來統領天下的豐臣秀吉乳名叫做「日吉丸」，而織田信長稱呼他為「猴子」，疑似也與這件事情有關係。

人們對猿猴的信仰之後又加上了來自中國的庚申信仰，在室町時代到江戶時代更進一步擴散開來。庚申塔（基於庚申信仰而建造的石塔）供奉的神明青面金剛像的腳邊就刻著猿猴像，不過「不看、不說、不聽」的三猿像更為有名。另外在江戶時代流行的民眾信仰富士講當中，猿猴也被認為是淺間信仰的使者。

江戶中期，民間為了祈求牛馬無病無災，也開始流行起信仰「廄猿」，將祂當成廄舍的守護神。猿猴的威光在各處發揚。

猿

猴雖然多受到信仰，但若被視為邪惡時，人們也會畏懼、把牠們視為威脅生活的妖怪。在中世紀的故事集《今昔物語集》裡面就提到美作國（現今岡山縣）的山神大猿每年都會要求人們獻上女性來作為活祭品。

有名年輕獵人代替祭品上山，結果看到身高約2公尺的大猿猴領著大軍出

德川家康也信仰猿神

Column

將軍德川家康信仰山王，將日吉大社的分靈迎來江戶城，建立了日枝神社。祭祀家康的日光東照宮神廄舍上的三猿也相當有名。

引用自《今昔物語集》中飛驒國男退治邪神話
描繪的是主角擊退猿神的樣子。

現，激戰之後獵人打倒了所有猿猴。大猿於是附身在神社的宮司身上，請獵人放過牠們一馬。

　猿猴信仰較為凋零的時候，就出現了如室町時代的《御伽草子》收錄的〈藤袋草子〉這樣的內容。故事是人類和大猿約定好幫忙耕作農地就會將女兒嫁給牠，但交給牠的袋子裡卻不是女兒而是一隻狗，結果大猿就被狗咬死了，是相當輕視猿猴的故事發展。

　討厭猿猴的民間信仰有以下例子。認為若在山裡提到猿猴的話題，會發生不吉祥的事情（熊本縣球磨郡）；在山裡工作的時候不可以說「猿」這個詞彙（長野縣木曾地方）；漁夫若在海上提到「猿」的話，魚群就會離開，因此非常討厭牠們（和歌山縣熊野地方）。類似的迷信也存在各地。

　猿猴在人類心中有正負兩面超越常理的形象，果然是屬於異界的存在呢。

Culture

關於日吉大社

滋賀縣大津市的日吉大社是山王猿的起源地，日吉大社的分靈社在全國約有3800間。「山王」是大山咋神的別名，也代表天台宗比叡山延曆寺的守護神性格。794年京城遷都到平安京的時候，也考量到這裡的東北鬼門方向有比叡山的日吉大社，可以守護京城，才選擇遷都到這裡。神猿在日文念作「MASARU」（まさる），可通「除魔」、「勝利」等意思，因此才會到現在都還是有相當深厚的信仰支持。

具備生命與武力象徵的守護神

鹿

【shika】

山神的靈獸・鹿在政教合一的古代社會當中
變化為顯現當權者威光的神使

在日本，鹿被認為是展現山神靈威的靈獸。牠們之所以會被認為是神聖動物，除了雄鹿長

自古以來便反覆重生、被視為神聖之物的雄偉鹿角

佛教與鹿的故事「鹿野苑」 Keyword

印度聖地婆羅痆斯，這裡有四大聖地之一的鹿野苑。釋迦的前世九色鹿曾救了掉到池子裡的獵人。後來國王為了捕捉九色鹿，聽從獵人的指引來到森林，但聽說這件事情以後便放棄了。該地名稱也由此而來。

著讓人覺得霸氣十足的角、顯得威風凜凜以外，長出角而有所轉變就像是一種跨越性的成長，也讓人聯想到生命的再生。其他還有鹿角和鹿肉都能夠作為藥用等等。母鹿會變成絕世美女的傳說，也是因為其本身姿態優美。

此外，在人類把鹿肉當成糧食的過程當中，燒烤其骨骼會出現不規則的裂紋，因此也開始被拿來占卜神意。日本自古以來占卜主流使用的就是以鹿骨來進行的鹿卜。

隨著時代演變，鹿作為山神靈獸的神聖感也逐漸變得淡薄，而開始在農耕儀式當中占據了重要地位。

因為占卜在政教合一的古代社會當中，是用來展現當權者威光最有效的手段。掌權勢力中臣氏的氏神，也就是春日大社的神使為鹿也是因為這樣的背景。

與劍神武御雷之男神搭上關係的鹿神

鹿卜又被稱為太占，在奈良時代的歷史書《日本書紀》和《古事記》等記紀書籍當中也都有記載。與鹿關聯密切的春日大社，兩者之間的關係也來自記紀神話。

根據鹿島神宮由來文書的記載，主神武御雷之男神接到天照大神派遣使者的傳令，要他前往出雲國說服大國主命讓出國家。此時的使者是鹿之神天迦久，因此鹿島神宮的神使便是鹿。

春日大社的神社紀錄則表示為了守護平城京，因此請來武御雷之男神，而祂是乘坐在白鹿身上由三笠山過來的，因此將鹿奉為神鹿慎重以待。這位武御雷之男神的神格是象徵軍事力量的劍靈。而鹿島神則是支配常陸國（現今茨城縣）的中臣氏（藤原氏）的守護神。

神鹿是白色的鹿，這應該也是因為中國思想認為白色動物代表吉兆。另外七福神中的壽老人是中國傳說中的人物，相傳祂是以吉祥的紅星廣為人知的南極老人星之化身。在祂的拐杖上也綁著不老長壽的秘笈（書卷），身邊還帶著長生象徵的鹿。

龍角是鹿角

Column

龍君臨所有動物之上的形象是在中國成形的。而牠身上的9個部位都各自與其他動物有些相似。像是爪子是鷹爪、鱗是鯉魚等，至於那氣派的角便是鹿角。

民眾對於鹿的信仰也包含在日本各地流傳、描述鹿生下美女的故事之中。

這類傳說當中的其中一位美女就是「光明皇后」，據說她是利修仙人和雌鹿的孩子。

由於是鹿生的孩子，因此腳指尖只有分成兩邊，宛如鹿蹄。為了隱瞞這件事情，所以製作了「足袋」。在一些傳說中，主角並不是光明皇后，而是「淨瑠璃姬」。

另有傳說中提到平安時代的歌人「和泉式部」是出生在肥前國杵島郡（現今佐賀縣嬉野市杵島）的福泉寺中。寺廟的僧侶將供奉給佛的茶灑在後山上，結果有白鹿每天都過來飲茶，後來便生下了一個女孩子。大黑丸夫妻收養了那孩子，9歲的時候送到京城去宮裡工作，才開始被人稱呼為和泉式部。

相關的傳說也有男性的版本。飛鳥時代的豪族蘇我入鹿據說也是在鳳來寺的入鹿池中由雌鹿生下的孩子。

鹿會和美女、貴族搭上關係，應該是因為鹿有著美麗的毛皮且姿態優雅。而且牠們的皮和角也是使用在禮儀活動時的服裝和裝飾品上的高級材料。

Culture

奈良傳統祭神活動「鋸鹿角」

棲息在奈良縣奈良公園中的鹿，被認為是神獸，牠們是春日大社的神使，因此非常神聖，同時也被指定為日本的天然紀念物。但是到了秋天的時候，雄鹿會進入發情期，個性會變得相當粗暴。雄鹿之間會因為用角鬥爭造成死傷，甚至也會引發多起傷人意外，因此從江戶初期開始，人們就會在城裡用鋸子幫牠們鋸掉鹿角。昭和初期開始會在鹿園的切角場中進行，並演變為由神官鋸鹿角的祭神活動。現在也已經是宣告奈良進入秋季的時節活動。

同時使人感到恐懼及尊崇的山神使者

狼

【ookami】

狼被認為是山神的使者
之後在民間信仰中的信徒也越來越多

狼在歐洲的童話或者傳說故事裡，大多給人壞角色的印象。日本雖然也畏懼這種害獸，卻也同時尊崇牠作為益獸的這一面。

具備害獸與益獸的兩面性，自古以來受人崇敬的守護神

狼被認為是山神的使者，在山岳信仰當中有時候會取代祠堂前的一對狛犬，也會被畫在防竊盜災難的守護符上。成為神使的理由，應該是牠會補食那些啃食農作物的豬或者鹿，因此算是益獸。

　在民間信仰領域，在山中與人類接觸的狼被稱為「送狼」，而這個詞有兩種意思。

　一個是陪伴那些行走在路上的人，保護他們不受狼群攻擊。另一個則是表示狼會趁人疏忽就伺機攻擊人類。後者是源自於在山上被野獸攻擊而產生的概念，據說如果被送狼追逐，只要回頭或者跌倒，就會被攻擊。另外有說法指出狼喜歡鹽巴，因此遇到的話馬上灑鹽，就能夠順利逃走。還有個迷信是如果狼從頭上飛躍過去，那就死定了。

　無論如何，這些都是因為狼和人類的生活圈非常接近，才會留下這些傳承。

武藏御嶽神社的御犬樣　Keyword

一般認為位於東京都的武藏御岳山上的武藏御嶽神社原先是山岳信仰的靈地，後來發展為神社，他們同時也祭祀了大口真神（御犬樣）。真神其實是狼的古名，現今會以秩父地方的神社為中心提供畫有狼的神札，廣受大眾信奉。

由同時身為益獸也是害獸這種悖論立場來看狼，讓日本人對狼產生了敬畏的念頭。

接收中國傳入的農耕文化的繩文時代，狼的骨頭被用來作為祭神工具和裝飾用的道具，由此可見狼在古代就受人畏懼、同時也是神聖的存在。

奈良時代的《大和國風土記》的散失文章當中提到，目前的奈良縣明日香村過去曾有一隻年邁的狼棲息在此地，牠吃了許多人、被稱為「大口之神」。

人們雖畏懼狼，卻又把牠當成靈獸、賦予神性，最後終於形成大神的這個面貌。

陪伴人類、避免人類被其他狼群攻擊的送狼，由來應該是歷史書《日本書紀》。

在《日本書紀》當中提到東征英雄日本武尊在造訪三峯（狼的重要棲息地，現今埼玉縣秩父）時迷了路，受到白狼幫助。

日本武尊為了感謝狼，因此在這個地方祭祀伊奘諾尊和伊奘冉尊，並定下以狼為神使的概念。秩父的三峯神社、青梅的武藏御嶽神社便是狼信仰向外擴散的中心。

分發狼御札的狼信仰（狼眷屬信仰）始於江戶時代的１７２０年。據說是一名叫做日光法印的僧侶去到三峯之後的事情。由外地進入江戶的人流增加了之後，１６５７年卻發生了明曆大火，所以大家對於大型

狼的咒術寶物故事「狼睫毛」 Column

在各地的民間傳說當中，有許多正直的男人從狼那裡拿到可以看穿人類本性的「狼睫毛」、「眉毛」之類的咒術寶物故事。鄰近的國家也有很多類似記述，中國有鶴的眉毛、韓國也有化成老虎的和尚睫毛的故事。

〈山犬〉田中芳男編《博物館獸譜》
（東京國立博物館藏）

火災相當不安，同時又有盜賊橫行，人們因此非常需要對於防範竊盜和災難相當靈驗的對象。而以三峯神社為中心的狼信仰逐漸擴大，組織成三峯講這類團體前往參拜的信徒也逐日增加。

另外自1858年起的數年，日本在與外國進行貿易的同時也引入了霍亂，在江戶的大街小巷大為流行（據說犧牲者高達30萬人以上）。

這些都被認為是咒術領域的物怪「管狐」造成的。為了要擊退這種妖怪，人們深信若是信奉它的天敵「狼」就會有效。

根據三峯神社的紀錄，這個時期有許多來自江戶的參拜者。

然而，擊退妖怪的除魔工具會使用狼的頭骨等物品，最諷刺的就是這可能正是日本狼滅絕的原因之一。狼因為自己的靈驗，到了明治時期便逐漸失去了蹤跡。

Culture

奉獻供品給狼的狼祭

岩手縣上閉伊郡大槌町的聚落會舉辦展現出狼信仰民俗禮儀的O-NO（オイノ，意指狼）祭。

每年2月19日，他們會將紅豆飯、穿眼魚干串、雞蛋等供品，加上幣束、御神酒等一起供奉在聚落外的石碑前，並且對狼祈禱「我帶來好吃的，請你不要吃人和馬」。然後一起吶喊著「大狼遠吠！快逃啊！」奔回聚落裡。

O-NO祭在東北各地都會舉行，一般認為會如此廣泛也是由於埼玉縣三峯神社的影響。

目前雖然只剩下幾個聚落還會這麼做，但這是屬於在村落與山這個異界的分歧點上供奉供品，祈禱狼不要下山的儀式。

具有脅迫之力的山之神獸

熊

【kuma】

位於日本生態系頂點的熊
因其兇猛的威力，自古以來就受到尊崇

自古以來與日本人息息相關的動物裡面，可稱為食物鏈頂點的熊就跟狼一樣受到人類畏懼，而其極具壓倒性的力量也被認為是神聖的。人類敗在那兇猛的威力下，因而崇敬牠們。

平安時代的武將坂田金時在幼年時於足柄山中和熊玩相撲而鍛鍊出一身力氣，獲得武將源賴光的認可而成為賴光的部下，之後擊退了許多妖怪。這個故事當中也展現出熊具備了不可小覷的力量。

與熊過著更加緊密生活的，就是北海道的愛奴族人。

愛奴人認為熊為人類帶來恩惠，稱呼牠們為KIMUNKAMUI（キムン

自古以來作為腸胃藥使用的「熊膽」

Culture

將熊的膽囊乾燥以後製成的便是「熊膽」，用來作為健胃劑等用在消化系統上的全面性漢方藥物。日本從飛鳥時代就開始使用，到了奈良時代於越中（現在的北陸）還被制訂成一種稅，稱為「調」。

將山神的熊之魂送往神之國度，愛奴民族的神聖儀式

カムイ，意指山之神），而狩獵牠們則是將神招待到家裡。熊祭則是一種將熊的靈魂送回神明世界的祭典。

獵熊時抓到的小熊必須好好飼養，之後整個聚落一起進行盛大的送別禮，儀式是將其屠宰之後把靈魂送回神之國度。相反地，攻擊人類的熊並非KAMUI（神明），因此就算狩獵成功也不會帶回家，而是在戶外直接解體，也不會吃牠的肉。

日本各地同樣都流傳著關於熊的迷信。以岩手為始，各地的山岳地區都傳聞若是捕捉熊，就會發生氣象紊亂的「熊荒」。這表示山神感到憤怒，因此殺熊會讓人聯想到不吉利的事情。

在信仰熊野神社的地區就相當忌諱獵捕熊甚至吃牠們的肉。熊是熊野大神的神使，因此不可以捕捉。另一方面也有夢見了熊就會有好事（秋田縣）這類比較幸運的例子。

Culture

將熊奉為神獸的立山雄山神社

將熊奉為神獸的是富山縣的立山雄山神社。神社的立社起源是在７０１年的時候，被任命為越中國（現今富山縣）行政官的佐伯有若的兒子有賴，有一次帶著父親的白鷹前去狩獵，在白鷹領路下前進，竹林後便出現了一頭熊。有賴射出箭後，那頭熊便躲進了岩窟內。追著牠進去，裡頭站的卻是阿彌陀如來，囑咐他要出家開山。傳說內容便是如此。從熊化為阿彌陀如來的樣貌，最後得以開山立社的流程看來，可知立山雄山神社是一間跟熊的關係非常密切的神社。

立山與富士山、白山為日本三大靈山，在全國各地都有信徒。

棲息在月亮上的小小神使

兔

【usagi】

棲息在月亮那個異界的神祕兔子
來自中國神話，到了日本也被視為神聖的存在

傳說中棲息在月亮上的兔子，在日本給人一種神祕感、是吉祥動物中最具代表性的一種。月亮和兔子的關係是來自古代中國的神話。很久以前，美女嫦娥喝下不死之藥後受到懲罰，因此必須一個人寂寞地住在月亮上。

月亮上還住著月兔，牠會陪伴嫦娥、以臼杵搗藥，故事大概就是這樣。在法隆寺珍藏的曼陀羅之中有兔子和藥壺的圖案，想來應該是這個中國神話傳到日本以後，便成了搗年糕的樣子。由於這層關係，因此祭拜月讀命這個月亮神格化神明的神社，就製作了兔子的神使像。

為何日文中兔子的單位是「1羽」

Culture

兔子和鳥類在日文中的計數都是1羽、2羽，其埋由眾說紛紜。在禁止食用四腳動物的時代，兔肉和禽肉一樣受人喜愛，而且捕兔子和捕鳥一樣要用網子。作為食用獸肉的避諱，因此將兔子視為禽鳥看待，這是目前最有力的說法。

中國神話的月兔以杵臼搗藥的姿態催生了月亮與兔子的信仰

在神話當中，最為日本人所知的兔子就是「因幡白兔」。故事是說白兔欺騙鯊魚，讓牠們幫自己渡海，因此遭到報復被剝皮，結果被大國主命救了一命。

這隻兔子是神的化身，預言大國主命將會娶因幡的八上姬作為妻子。

這說明了兔子在古代的農耕祭祀中是供品、會被奉獻給神明，這也是為何死與再生的儀式之中會出現剝除動物毛皮的習俗。

兔子雖然是小又脆弱的動物，但狡猾且逃跑速度飛快，能夠從捕食牠的野獸爪牙下溜走。牠被視作神使、受到崇敬，正是因為其聰惠且具備靈性的能力。

Culture

兔子的禁忌

日本各地都有與兔子相關的迷信。全國都有的迷信是如果孕婦吃了兔肉，孩子就會成為三口（上唇裂開造成的口子）；在宮城縣、三重縣、奈良縣、香川縣部分地區甚至連讓孕婦看到兔子都是禁忌。新潟縣佐渡地區則傳聞，懷孕的時候吃兔肉會生下3個孩子。這些內容據說也是中國自古以來流傳的東西。

但相反地，也有迷信將兔子和安胎結合在一起。秋田縣有幾個地區相當鼓勵孕婦吃兔肉。應該是認為兔子是山神的神使，會使胎兒安穩。

福井縣今立郡則是在生產的時候會把兔肉放在一旁，也認為吃兔肉會使生產過程比較順利。

與水神一脈相連的神使

牛

【ushi】

和農耕關係密切的牛在亞洲被視為神獸
日本也將牠與各種信仰連結在一起

頭上有角、強而有力的牛在亞洲被視作神聖的動物。在中國只要有角的動物都被認為是神聖的。儒教也將打造成牛隻形狀的供品用盛酒容器稱為「犧尊」。

在日本，牛是在6世紀時作為農耕勞動力進口而來。在稻作發展過程中，牛也被當成是山神的坐騎，又和水神連結在一起，因此最終成為靈獸的一員。

《日本書紀》裡有記載表示，為了祈雨會在儀式中將牛馬作為祭品，用來祭祀各種神明。牛和與水關係密切的水神、也就是

成為漢方藥的牛

History

在中國會將牛的肝臟與膽囊中因為生病而形成的石頭稱為牛黃，這東西被認為是可以消除各種災厄的藥品。在日本則相信將牛黃與墨或朱墨混在一起就能產生咒力，用來蓋章或者寫字、畫畫的紙張就稱為「牛玉寶印」。

與水神信仰結合成為祈雨的活祭品、帶來豐饒的靈獸

龍蛇信仰有關。這是由於中國道教的陰陽五行思想當中，代表牛的「丑」被認為帶有水氣，可能因此和龍蛇神連結在一起。

奈良時代受到佛教思想的影響，開始禁止食用牛隻，後來牛也和天神信仰結合在一起。據說也是因為被稱為「天神大人」而受人畏懼的菅原道真出生於丑年（牛年）的緣故。

另外牛也被認為在祭祀須佐之男命的天王信仰中扮演神明使者的角色。

這是由於本地垂跡思想認為神道的眾神都是佛的化身，而須佐之男被認為就是可以帶給人類各種利益的牛頭天王。因此其神使牛也被視作是吉祥物而受到信仰。

Culture

可怕的牛鬼是海中妖怪

畏懼牛隻神威的想法殘留在日本各地。愛媛縣的和靈神社會配合例行祭典舉辦「牛鬼祭」。這裡的牛鬼指的是頭部為牛、身體為鬼，或者身體是土蜘蛛等，是以各式各樣的姿態被流傳的鬼類妖怪。人類只要遇到牠就會生病，也有傳說指出牠舔了人的影子就能夠殺人。

但是在相反的例子中，牛鬼也作為拔除惡靈的神明化身而受人祭祀，據說真面目是年歲已久的山茶樹樹根。在瀨戶內海那一帶，牛鬼被認為是海中的妖怪，在各地區留下了相關的地名。

〈牛鬼〉鳥山石燕
（引用自《畫圖百鬼夜行》）

守護人類與馬匹的守護神

【uma】馬

如今仍能在各地祭典中見到的神馬
從古時候就被認為是農耕神的神使

自古以來馬就是神明的坐騎。

目前一些悠久的神社仍會飼養當成神使的「神馬」，也可以在祭典儀式中看到牠們擔任神轎前進的領路者。另外從前將活馬獻給寺廟神社的祭典活動也已經變化成「繪馬」，將它作為祈禱或者感謝神明達成自己心願的謝禮，是供奉出去的一種咒術物品，從平安時代就非常興盛這種做法，現在也相當普遍。

馬匹自古以來便被使用於農耕，快速、具搬運力、還能作為人類的移動手段，因此在農村地區或

觀音菩薩的變化形之一「馬頭觀音」 Keyword

以馬為神佛形像的，正是「馬頭觀音」。這是觀音菩薩的變化形態之一，以觀音來說是少見的憤怒樣貌。日本幾乎沒有馬頭人身的佛像，不過馬頭觀音的原型是印度教的馬頭明王，也是最高神明毗濕奴的化名之一，生著馬頭。

者產馬的地方都存在將馬當成守護神的信仰。一般認為農耕神會在春天騎著神馬下山來到田地、成為田地的神明，同時馬的行動也可以用來占卜神意或者吉凶，各地都有類似的儀式活動。這類馬匹信仰的原點，應該是來自佛教圖畫或者雕像中都可以看到悉達多（釋迦）從王宮離開時騎著愛馬犍陟的故事段落，還有印度教的神明馬頭明王也被佛教納入、成為馬頭觀音的樣貌等。日本的民間信仰當中，能夠一腳踹開邪惡的馬頭觀音，就這樣和現實生活中的馬匹連結在一起，成為馬的守護佛。

對於支配者和民眾來說，馬雖然與生活息息相關，卻也是超越人類智慧的力量象徵。

作為眾神的坐騎
在儀式典禮中不可或缺，
擁有神聖靈力的靈獸

Culture

呼喚幸運的馬蹄鐵

為了保護馬蹄，人類會用稻草等素材編織成馬用草鞋等讓牠們穿上，或者裝上金屬製的蹄鐵，據說撿到這些東西會帶來好運。

由來應該是古代中國曾經有過被稱為馬蹄金的貨幣，衍生出這種招福信仰。

這類迷信在歐洲也有。據說把馬蹄鐵掛在門上就可以驅魔，是一種守護符。由來也是眾說紛紜，不過其中有個故事是關於原先是一名鐵匠的聖人鄧斯坦與惡魔的故事。惡魔拜託聖人鄧斯坦幫忙修理馬蹄鐵，而他為了保護自己，就將蹄鐵釘在了惡魔的腳上。疼痛不已的惡魔只好和鄧斯坦約定「只要門上掛著馬蹄鐵，我就絕對不會進去」，才讓他把蹄鐵給拿下。據說便是因為這個故事，馬蹄鐵才變成能夠驅魔的物品。

棲息於名為地下的異界

鼠

【nezumi】

老鼠雖然可愛，卻是農業的天敵
牠是往來於異界與人類世界的神使

齧齒目的老鼠在人類生活圈活動，是會危害居所和食物的害獸。日本人自古代起便建造地板墊高的倉庫，又在支柱上加裝能夠防止老鼠爬上來的裝置，這些事例很顯然是為了防範鼠患。但另一方面，日本人卻又將身體嬌小可愛的老鼠擬人化，落語《老鼠嫁新娘》或者御伽草子的《鼠草子》都在講述牠們的故事。

擁有這般兩面性的老鼠之所以被認為擁有靈力，其中一個原因就在於其夜行性以及在地下築巢的習性。自古以來黑暗之處以及地下，就被深信存在著非人之物所居住的異界。白天潛藏在地下或者天花板上，到了夜晚才開始活動的老鼠，也因而被認為是一種往來於人類世界與異界的存在。

在《古事記》當中是由老鼠帶領大國主命前往地

老鼠在家裡才吉利

History

江戶的國學者本居宣長向大家介紹老鼠雖然有害，但是在家裡出現是吉利，沒有的話則為凶，因為老鼠不會住在將要發生火災的房子裡。其緣由出自《古事記》中一段關於大國主神差點被兄弟們燒死的時候，受到老鼠幫助的故事。

帶來豐饒與幸福，財福信仰的神使

下，也是這個緣故。

由於老鼠有著將穀物作為糧食儲存起來的習性，因此衍生出財福信仰。在民間故事《鼠淨土》當中，老爺爺給老鼠飯糰或者年糕等食物，結果被招待到地下的老鼠國度並且獲得了寶物，也顯示出世人認為老鼠是從地下運來財寶的神使。

日本的七福神信仰曾在圖畫中將老鼠描繪為大黑天的神使。大黑天是來自印度的守護神，經由最澄傳進日本以後，變成天台宗的廚房之神。之後由於日文的「大國」和「大黑」同音，因此大國主和大黑天便合而為一，也成為人家非常熟悉的福神。

這個時候救了大國主的老鼠也與儲存穀物的老鼠結合在一起，使牠身為神使的地位又更上一層樓。

另外老鼠具備的預知能力也被認為是相當神聖的。牠們在火災前三天就會離開房子，也會從將要沉沒的船隻逃走，現在也還是有這種迷信流傳。

Culture

妖怪賴豪鼠的怨念

平安時代的僧侶賴豪和白河天皇約定好「給予任何想要的獎勵」以後，便幫忙白河天皇祈禱兒子誕生並且成功了。

他的願望是建立園城（三井）寺的戒壇院，然而卻受到與其抗衡的比叡山延曆寺的阻撓，最後未能達成。賴豪相當憤怒，於是斷食讓樣貌轉變為鬼之後死去。接下來由於賴豪的詛咒，皇子4歲便死去。據說他的怨念化為巨大的老鼠，把延曆寺的經典咬得亂七八糟。

在其他地方流傳的傳說中，賴豪鼠是一個8萬4千隻的族群，會讓田地荒蕪。這應該是由於當時老鼠對農村和寺廟來說，是會引發相當嚴重食物問題的害獸，所以才會有這樣的傳承內容。

戰爭的守護神・摩利支天的坐騎

豬

【inoshishi】

受戰國武將及民眾信仰
令人畏懼的山神化身

自古以來，山豬與鹿、熊同樣是棲息在山中最具代表性的動物，也被人類認為是靈獸。牠們在繩文時代被當成祭拜山神用的供品，到了彌生時代在祈禱豐收的典禮上舉行的占卜儀式「卜骨」也是使用山豬的肩胛骨。

進入奈良時代，人們開始認為白色或者紅色的山豬，就是山神的坐騎或者神明化身的靈獸。在史書《古事記》裡就將山之主（山神）畫成山豬的樣子，而燒死大國主命的那塊燒得滾燙赤紅的大石頭，據說就是山神神使紅

民間療法中使用的豬肉

History

日本過往曾經禁食四腳野獸，而豬（山豬）則被稱為「山鯨」來食用，作為民間療法也相當受歡迎。牠的肉擁有滋補強身的作用；胃部曬乾煎過之後還可以醫治胃痛、腹痛、心臟的疾病；脂肪則被當成切割傷、中耳炎、止痛的外用藥。

作為山神的化身，連結自然力量的白豬與紅豬

豬的化身。另外還有倭建命也是被山神化身的巨大白豬逼迫、沐浴在冰雨之下，後續虛弱患病而死。這些應該都是把山上發生的災難或者意外，與豬（山神）的靈威結合在一起。

在佛教當中牠是戰國武將信奉的守護神摩利支天的坐騎，也被認為是愛宕權現的使者。摩利支天能夠以人類無法看見的疾速行走，可能是因此才認為祂選擇了山豬作為坐騎。

民間信仰認為豬非常多產，在象徵豐收的年度慣例活動當中，有個活動叫做「亥之子祭」，是在舊曆10月的亥之日亥時（下午10點左右）吃亥子餅，祈禱子孫繁榮。

Culture

由300頭豬守護的清麻呂

781年，僧侶慶俊和貴族之人和氣清麻呂共同中興的愛宕神社，便是將豬奉為神使。據說是源自於清麻呂揭發怪僧弓削道鏡的政治陰謀之後受到報復，被砍傷了腿，因此變得不良於行的故事。

清麻呂被道鏡流放到大隅國（現今鹿兒島縣），在半路上被道鏡派來的刺客攻擊，此時卻突然下起大雷雨，並且冒出三百多頭山豬。山豬們包圍清麻呂乘坐的轎子周遭，一邊保護著清麻呂不受刺客所傷，同時帶領他前往宇佐八幡。在豬隻們都跑掉以後，清麻呂的腿也不可思議地痊癒、變得能夠走路了。

能化身為人，擁有作祟的力量

狸

【tanuki】

擁有溫柔的神之威能
其失敗故事和人情故事卻也廣為流傳的幽默靈獸

在中國，狸是隸屬於月亮的動物，具備超自然的力量且喜歡惡作劇。至於日本，狸於平安時代初期的故事集《日本靈異記》和鎌倉時代初期的故事集《宇治拾遺物語》當中，也都被描繪成是種具有奇異靈力的動物。

平安時代和鎌倉時代認為狸是能夠化身為人的靈性存在。民間信仰相信牠身懷優秀的神之威能，擁有強大的作祟力量，但相反地只要好好祭祀，牠就會變化為守護神。因此狸並非神使，而是被當成神明本身來祭祀，也因此催生了狸信仰。

3隻知名化身狸

Keyword

因為會欺騙人而為人所知的便是「化身狸」。被稱為日本三名狸的是新潟縣佐渡的團三郎狸、淡路島的芝右衛門狸、香川縣的太三郎狸。佐渡並沒有狐狸，據說就是團三郎狸把他們從島上趕走的。

民間信仰思維 畏懼牠身懷強大的作祟力量，因此產生狸信仰

不過各地同時也流傳著一些關於狸的逗趣失敗故事或者人情故事等，給人相當可愛的感覺。被奉為佐渡的二岩大明神祭祀的團三郎狸雖然會化作人類的樣貌，但牠會在金山工作、或者偷取金錢去幫助有困難的人。

另外，有個與江戶城大奧有關係的狸神，就是位於秋葉原柳森神社的福壽社，相當有名。其御神體的狸木像，被五代將軍德川綱吉的生母桂昌院奉在江戶城內成為福壽稻荷。

桂昌院是從一介市井蔬菜店的女兒高升到將軍母親的女性，據說便是由「出人頭地」（他を抜く，TA WO NUKU）的日文轉音衍伸，進而信仰「狸」（たぬき，TANUKI）作為福神。

Culture

化身狸的民間故事《文福茶釜》

日本各地都留有化身狸的傳承。最有名的就是群馬縣茂林寺流傳的《文福茶釜》。

住持買下的茶釜是個會長腳、冒出毛茸茸尾巴的奇怪茶釜，因此住持就把它賣給撿破爛的。但是茶釜狸卻向那撿破爛的人亮出真面目，一同舉辦展演活動，賺取錢財。撿破爛的將賺到的錢一半布施給茂林寺，並且獻上了茶釜。

這類狸變成茶釜的民間故事，分布在日本全國各地。

〈茂林寺的文福茶釜〉月岡芳年（引用自《新形三十六怪撰》）

自古以來始終守護人類的守護獸

【inu】犬

引領日本武尊前進的靈獸狗兒
現在也因為能庇佑安產而廣受信仰

狗被稱為人類的朋友，成為家畜的歷史非常悠久。西元前的古代美索不達米亞和古希臘就留下了飼養狗的雕刻與描繪在壺上的圖畫。古埃及也有職掌死亡的狗頭人身神明阿努比斯。

狗和日本人的關係，可以回溯到繩文時代。從遺跡之中也曾發現一起埋葬的狗骨頭，想來應該是寵物吧。奈良時代末期的和歌集《萬葉集》當中也有提到看門狗的長歌，想來日本人已經與牠們往來千年之久。

狩獵或者看門的狗，由於嗅覺比人類優秀數萬倍，對人類相當有幫助，因此世人也相信這種能力是一種靈力，也由此產生許多傳說故事，狗也變得越來越神聖。人類會在狗的身上感受到靈力，一方面也是因為牠們的吠叫聲

討厭狗的人務必記得的咒語是？ History

各地都流傳著不被狗咬的咒語。德島縣會誦念「一白、二紅、三黑、四花、五啊薩婆訶，既聽天竺虎狼之聲，應伏於此土之上」，然後抓起腳邊的泥土。據說這時候如果抓到石頭就沒效了。

狗的鳴叫聲能夠告知人們災厄，因此被認為具備靈力

和嚎叫的方法，讓大家認為牠們擁有預測不吉和災害等凶事，藉此幫助人們的預知能力。

另一方面，牠們的守護性質則與唐獅子融合，成為狛犬（參照48頁）。在十二支裡面被分配到的代表文字是有著巨大斧頭意義的「戌」，想來也是因為要用武器代表守護人類的存在。此外，藥師如來的眷屬中有位頭上戴著狗冠、身穿唐朝武將裝扮的伐折羅大將，祂是藥師十二神將之一。

在《日本書記》中收錄的傳說也提到，日本武尊在信濃國的山中迷路，結果出現一隻白狗領著他前往美濃國。除此之外，弘法大師（空海）造訪高野山時，相傳高野明神化作一黑一白的狗為他領路。

民間信仰的思維認為，因為狗能夠輕鬆生孩子，因此和安產、帶子、育兒有了深刻連結。這和東京日本橋的水天宮信仰結合，人們便認為牠能夠庇佑安穩生產，因此有不少參拜者前往。

Culture

犬神是狗的怨恨化為妖怪

犬神是人類創造出的怨靈，是一種會附身在人類身上的可怕妖怪。

據說流程有把狗用繩子綁在柱子上，讓牠餓死以後砍下牠的腦袋，用火燒到剩下骨頭，然後把頭埋在十字路口等，必須以如此可怕的咒術才能打造出犬神。

在西日本最廣為流傳的犬靈附身傳說，應該是由於平安時代下令禁止使用的咒術「蠱術」開始在民間流傳的關係。

犬神的樣子和老鼠一樣小小的，與鼬有著相似的長尾巴，嘴巴則尖尖的。也有一些地方會稱為「犬神鼠」。

〈犬神〉鳥山石燕
（引用自《畫圖百鬼夜行》）

寄宿著人類靈魂的靈性動物

貓

【neko】

長久以來與人類相當親近的貓
是具備靈性而相當神祕的存在

現在日本貓的祖先，據說是為了保護經典不受鼠害，因此在奈良時代與佛教一同傳入的，到了平安時代已經開始成為朝廷或者公家飼養的寵物。

平安時代的故事集《日本靈異記》當中提到豐前國（現今福岡縣、大分縣）那裡，有一名死去的父親從黃泉之國變成一隻貓回來的故事。如果貓是在奈良時代才來到日本，那麼牠被神聖化的速度實在挺快的。

牠在妖怪會出現的夜晚活動、有些行動看起來也

招來福氣的貓 History

因為具備著神祕的力量而聲名遠播的貓，就是江戶豪德寺的招財貓。傳說彥根藩主井伊直孝打從門前通過時，寺廟裡養的貓向他招了手，因此他就進去看看。結果外頭馬上下起豪雨，他也因此沒淋到雨。直孝非常高興，之後便捐了許多錢給豪德寺。

像是聽得懂人話，因此人類便認為牠們有靈力。

民間流傳的信仰認為貓如果洗臉就會放晴、或者會有客人來訪（宮城縣等地）、也有可能會下雨（沖繩縣等地），又或者傳說有貓接近死人的話，魂魄就會轉移到牠身上（全國各地）等，說法五花八門。

從中世末期到近世，貓在商業都市或者城下町都被廣泛認為是妖怪的一種。在傳說傳承當中並不單純只有危害人類，也有幫助人類的故事。

肥前國佐賀藩（現今佐賀縣）流傳著為了飼主，也就是藩主鍋島光茂而展開復仇的忠貓妖怪故事《鍋島妖貓》。從這個故事就可以想見貓與人類有多麼親近。

在夜晚這個異界中活動，與人類親近的習性產生許多迷信

Culture

震撼古代日本的妖怪・貓又傳說

據說貓在年歲增長之後尾巴會一分為二，變化成妖怪貓又。

貓又是潛伏於深山的狂暴魔物，也有些被當成山岳的名字，如會津（現今福島縣）的貓魔岳、越中（現今富山縣）的貓又山。在古老的紀錄中，平安時代的藤原定家所寫的日記《明月記》裡面寫著奈良出現了一個叫做「貓胯」的怪物，一個晚上就吃掉七、八人。外形看似巨大的狗。

鳥山石燕《畫圖百鬼夜行》當中的〈貓又〉

掌管生命源頭之水的神獸

【hebi】蛇

應該令人害怕的蛇會帶來豐收
擁有使子孫繁榮的靈力，是水神信仰的原點

蛇的脫皮與其蛻皮成為「死與再生」的象徵

與邪惡大蛇戰鬥的沼蟹 History

福岡縣大牟田市有個三池的大蛇傳說。為了拯救成為供品的公主，沼蟹用牠的利剪將大蛇切成3段，因此變成3個池子。該市每年都會舉辦「大蛇山祭」。這條大蛇據說也和祇園信仰有關係。

繩文時代開始出現火耕農作，在作為農地使用的山地區域，山神的神使、或者是其化身的蛇、鹿、豬等動物就會受到人們祭祀。如果因為大雨導致河流水量增加，蜿蜒的河流從山上流下來的樣子與蛇結合在一起之後，便提升了牠水神之靈的性質。

另外牠的身體沒有四肢卻纖長、也不會眨眼，這些奇妙的特性讓人類感到畏懼。

最受到人類重視的則是脫皮與蛻下來的皮，人們認為這正代表了「死與再生」的循環，認為牠們有著不老不死的靈力。

另外，蛇頭的形狀也令人聯想到男人的性器官，因此與子孫繁榮的靈力相連結，衍生出豐收信仰。

水神和蛇結合以後加上這樣的特質，就變成水神原本就擁有、帶來豐饒的能力與清淨身心，和重生與恢復年輕等靈力都重疊在一起，這些事情應該是在原始時代的農耕祭祀當中就已經確立的。

繩文時期的土器和土偶上，有許多蛇的圖樣和形象。在當時的祭典活動過程中，似乎會讓侍奉水神的巫女和蛇神這個男性象徵交纏在一起。從長野縣遺跡出土的土偶上，也有將蛇當成頭巾纏繞在頭上的女神設計意象。

有了稻作文化以後，吃老鼠的蛇就和穀物神結合

傳說中的古代中國皇帝伏羲和他的妻子，下半身都是蛇，兩人纏繞在一起，分別拿著尺和圓規，代表著權力和智慧。

在日本的彌生時代，受到由中國傳入的水耕最新技術以及文化影響，蛇便和中國的龍神信仰結合了。

有時候蛇也會成為雷神，作為祈雨的信仰對象，也會和水神、海神連結在一起。

另外，蛇在當時可以防範造成偌大災害的老鼠，因此也與保護米倉及蠶的穀物守護神結合。中世紀

蛇的御神體 Column

也有些地區將蛇或大蛇當成神明來祭拜。宮城縣的金蛇水神社，神體是金屬製的蛇，可以向祂祈禱疾病痊癒。福井縣大飯郡的長姬大人的神體也是大蛇，可以獻上雞蛋來祈求幸福。

〈清姬於日高川化為蛇體之圖〉月岡芳年
清姬變形成蛇體的場景。作者用和服和腰帶的花樣來表現逐漸變成蛇體的樣子。

被稱為宇賀神的穀物神一般都是人頭蛇身，並且將白蛇當成頭巾纏繞。

除此之外也有很多人深信蛇是財寶之神弁財天的使者。

弁財天原本是印度神話中一位名叫薩拉斯瓦蒂的河流女神，因為祂是河流的神明，便以此特性和水神信仰結合。同時，在和穀物之神宇賀神融合以後，也因此具備了農耕守護神的性格。

近世由於商業發展而流行信仰福神。以都市區域為中心，對於「弁財天」能守護金銀財寶的信仰也隨之擴散開來。

蛇成為弁財天的使者以後，十二地支的巳之日也被認為是弁財天的特殊日子，後來巳之日乃是可以帶來金錢運的好運日，這樣的想法也傳播到各地。

Culture

為戀情所困的女性執念所產生的可怕妖蛇

紀伊國（現今和歌山縣）的道成寺所留下的傳說中提到了某個女性因為難過情關，最後因怨恨而變身為毒蛇的故事。

年輕僧侶安珍從奧州前往熊野參拜，在路上向紀伊國的長者請求讓自己寄宿一夜，沒想到那家的女兒清姬對他一見鍾情，追著他不放。安珍用盡各種方法躲開她，而憤怒的清姬最後化成一條大蛇。安珍跨越日高川以後，躲在道成寺的大鐘裡面，但是清姬卻纏在大鐘上並開始噴火，結果安珍就被燒死了。

這個傳說的原典據說來自平安時代的故事集《大日本國法華驗記》或者《今昔物語》。

長壽千年的水之精靈

龜

【kame】

在靈獸當中地位較高的龜
在日本也是祥瑞之兆，甚至成為年號

往來海洋這個異界與陸地，代表水界的海神坐騎

龜在古代中國被視為四靈之一的「靈龜」，在靈獸當中也是地位崇高而受到人類尊崇的存在。古代的龜被認為是水之精靈，因此牠具備了往來陸地與海洋這個異界的靈力。日本也受到這樣的想法影響，認為龜是種吉祥的動物而相當神聖。

另外，中國的「龜占」是焚燒烏龜龜殼以後觀看上面的裂痕來進行占卜的手法。雖然日本有引進這種方法，但不是使用龜殼（日本的占卜主要是使用鹿骨（參考78頁））。

在中國，用來書寫這種占卜結果的文字被稱為「甲骨文」，這正是漢字的起源。

只不過，當這種占卜形式傳到日本的時候，已經出現紙以及漢字了，因此甲骨文並沒有在日本傳開來。

陰陽思想中也有神龜

Column

古代中國四神之一的靈獸是「玄武」。玄武是守護北方的水神，被描繪成一條蛇纏繞在烏龜身上，或者尾巴呈現蛇型態的樣貌。烏龜是「長壽與不死」的象徵；蛇則是「繁殖」的象徵。至於玄武本身就是「龜蛇成對」的陰陽融合樣貌。

活了千年後有了靈力、神意依附

在飛鳥時代、奈良時代，龜被認為是即將發生好事的前兆，因此對人類來說相當重要。歷史書《續日本紀》當中提到，奈良時代的聖武天皇即位前一年（723年）出現了祥瑞的白龜，因此他在即位後就將年號變更為「神龜」。

同樣是奈良時代的歷史書《古事記》裡也有關於龜成為海神坐騎的故事。事情發生在神武天皇東征的段落。當神日本磐余彥、也就是神武天皇乘船航行於瀨戶內海的時候，遇見一位乘坐在龜上釣魚的人，於是就請他指引自己往東邊的方向。

同時期的《日本書紀》收錄的海幸山幸神話裡也提到海神之女豐玉姬乘坐大龜來到陸地上。

無論在哪個故事裡，龜都是幫助貴人的重要靈獸。

在《和漢三才圖會》當中的解說認為龜在老了以後便能探問神意。龜在過了千年以後會擁有靈力、獲得預知事物的力量，這應該是古代龜卜給人的印象。

另外龜也被認為跟蛇或龍等水神一樣都是神使。妙見菩薩像就非常有名，祂的佛像形象之一就是站在龜殼上拿著寶劍和寶珠。

龜的藥效其實非常危險 Column

民間迷信若是吃海藻的海龜，食其肉對於人類來說有著淨血作用（沖繩等地）。或許這是由於烏龜本身長命的象徵帶來的聯想，但其實海龜體內會累積藻類的毒性，可能會引發致死的食物中毒，務必多加小心。

龜是海神坐騎的傳說當中，最有名的就是《浦島太郎》。龜被人類認為是往來於陸地與海洋，也就是現世與異界的生物，而最具代表性的故事就是《浦島太郎》了。

龜是整個故事當中最重要的表徵，將龜放走、牠又回來報恩這樣的情節，在室町時代的《御伽草子》以後變得相當普及。

這個主題是佛教的不應殺生教誨，也和放生物逃走的行為「放生」相關。

最初執行這種儀式的是位於大分縣宇佐市的八幡信仰總本社宇佐神宮。

之後由於八幡信仰普及，以八幡神社為中心，為了供養而將龜和魚拿去放生的活動也陸續展開，除了神社寺廟的池塘以外，也盛行在河邊放生。

〈歸國浦島〉月岡芳年
浦島太郎趴在龜上前往龍宮城的場景。

Culture

棲息在城樓上的妖怪 公主・龜姬

福島縣豬苗代町的豬苗代城棲息著一個叫做龜姬的妖怪。

江戶時代的寬永年間，一個童子出現在城主代理堀部主膳的面前，逼迫他必須向自己行禮。主膳表示「我的城主是第二代藩主加藤明成大人」並加以拒絕，結果該名童子說道：「你不認識豬苗代的龜姬嗎？你的命運走到盡頭了。」然後便消失了。

剛過完年的正月，大廣間裡出現一副棺材，另外不知從何處一直傳來搗年糕的聲音，類似的怪事不斷發生。到了18日時主膳昏倒後便斷了氣。

這個龜姬據說是住在姬路城天守上的妖怪公主長壁姬的妹妹。

呼喚幸運的財福靈獸

蛙

【kaeru】

對日本人來說相當親近
與生命及生死觀相關的靈獸

對於農業立國的日本來說，棲息於田中或水邊的青蛙是非常貼近生活的存在。奈良時代末期彙整成的和歌集《萬葉

由蝌蚪轉變為青蛙的習性 成為死與再生的象徵

對愛奴人來說是不吉利的存在 Column

北海道的愛奴民族認為青蛙是不吉祥的生物。如果有青蛙跑進家裡，就會立刻潑灑火爐的熱灰趕走牠。對於不進行水田耕作的愛奴人來說，青蛙所在的濕地不過就是吸血蟲的棲息地罷了，可能是因此變得連帶討厭青蛙。

集》就已經有歌頌牠們的詩歌，就連鳴叫聲都惹人憐愛。其中與神話及信仰息息相關的是綠色的黑斑蛙，以及被稱為「蟇」的棕色蟾蜍。

當時的人根據鳴叫聲稱呼黑斑蛙為「多邇具久・谷蟇」，在《古事記》裡面也以葦原中國的一位神明之姿現身。

至於把蟾蜍當成神明來祭祀的，就是東京都台東區本覺寺境內的蟇大明神。在江戶時代的天保年間（1830～44）前後，據說最一開始是檀家的人為了保護家業，建造了一個蟾蜍塚的石碑。大正時代有一位名為千八的歌舞伎藝人前往這個小祠堂許願，結果達成了。

他把此事告知認識的藝人，大家也都偷偷前往許願，後來便傳聞蟾蜍塚對於演藝相關的事情特別靈驗，在戰前有相當多花柳界、歌舞伎界、電影藝能等業界的信徒。

日本的繩文土器當中，有描繪出青蛙圖案的物品。而且青蛙的背上還設計了女性性器官以及小嬰兒的臉龐，另外也有研究表示當時青蛙的存在與人類的生命及生死觀有關。

青蛙是兩棲類，會分泌黏液、樣子滑溜溜的相當奇妙，會往來陸地和水中世界這個異界，是相當具靈性的存在。到了繁殖期會大肆鳴叫，大量同種族的生物聚集在一起進行繁殖行動，相當多產。另外青蛙會從卵變成蝌蚪、然後轉化為成體的變態行為，看在繩文人眼中令人感受到死與再生的循環、不斷絕的生命力，因此認為牠們相當神聖。

隨著時代演變，到了鎌倉時代的世俗故事集《古今著聞集》當中提到，在後堀河天皇的時代，曾在大溝中發生幾千隻蟾蜍開戰好幾天的事情。

在這個奇怪現象發生之後，連續出現了天地異變災害，京都甚至還爆發了有人餓死的飢荒。

與此同時，青蛙也是可愛的水邊生物，受到日本人喜愛。平安時代末期的繪卷《鳥獸人物戲畫》裡頭，除了擬人化的猴子和兔子以外，也畫出了栩栩如生、正在玩耍的青蛙姿態。

日文提到「蟇」大多是指蟾蜍，在江戶時代相當受到平民歡迎。在演藝的領域有淨瑠璃或歌舞伎中登場的妖術使者天竺德兵衛或盜賊兒雷也驅使的大蟇，牠們會在劇中發揮其靈力。會有這類怪物角色，就表示蟇的靈

法隆寺的青蛙少了一隻眼睛 Column

奈良縣法隆寺的七大不可思議裡有個「棲息於因可池的青蛙只有單眼」的傳說。從前聖德太子念書的時候，因為青蛙的聲音實在太吵了，所以就把手上的筆丟了過去，結果住在池子裡的青蛙就全部變成單眼了。

《繪本百物語》中的〈周防大蟆〉竹原春泉

性在一般大眾之間是廣為人知的。

另外牠會成為吉祥物，則是在商業盛行的江戶時代開始流行、與尋求經濟利益的福神信仰結合在一起的緣故。福神信仰以七福神或者稻荷神社較具代表性，不過其實河童或者從水中現身的靈獸多半也被認為是能夠帶來財富的存在。而青蛙也屬於從水裡來到陸地的福神。

青蛙另外還有另一個傳承，就是牠們去了遠方也一定會回來（這可能是源自到了特定時期，就會有幾百隻青蛙前往單一池塘進行繁殖活動的行為。而日文中的「青蛙」和「回來」的讀音也相同）。因此人們便會藉此祈求「錢財回來」或「平安歸來」等等。這個迷信頗為順口，因此現在大家都還會擺放陶瓷或木製的青蛙作為擺飾，或者把小飾品放進錢包裡面。信仰依舊存在於世人的生活之中。

Culture

全世界各式各樣的青蛙信仰

在歐洲區分為可愛的青蛙（FROG）和醜陋的蟾蜍（TOAD），後者受人畏懼、也會被當成蔑稱。在中世紀基督教世界的思維中，青蛙是象徵死亡等不淨之事。

另一方面在德國，民間傳承認為靈魂會在死後世界也就是水底與地上之間循環，因此棲息在水邊、冬天會進入假死狀態冬眠的青蛙，被暗喻為人類的靈魂。

與農耕信仰關係密切的神靈

大山椒魚

【oosansyouuo】

日本國家指定的天然紀念物大山椒魚是相當可怕的靈獸
也與農耕信仰有著密切關係

兩棲生物山椒魚小的只有幾公分，但大型的可以長達１５０公分，是世界最大的兩棲生物。尤其是大山椒魚特別有名。

大山椒魚在日本的中國地方被稱為「HANZAKI」（ハンザキ，半裂），這是由於人類經由牠身上高超的再生能力感受到靈性。

身體只剩下一半也能復活

Keyword

在廣島縣的迷信當中，被大山椒魚咬住的話，除非雷鳴或者神宮太鼓響起，否則牠都不會鬆口。由於大山椒魚被認為身體就算切成兩半也能夠恢復，因此在岡山縣北部當地為牠取了HANZAKI這個名字。

食人呑馬，擊退牠還會被詛咒的可怕農耕神

在日本的岡山縣真庭市祭祀著「半裂大明神」。傳承指出戰國時代的文祿年間（1592～96），在岡山縣旭川的龍頭淵深淵當中棲息著一隻全長10公尺、頭圍5公尺的巨大半裂，由於牠會吃人和馬，因此村人相當畏懼牠。擊退牠的是一位叫做三井彥四郎的年輕人，後來他們一家因為半裂作祟而死，於是村人便奉淵主為半裂明神。

另外在長野縣的傳承中，木曾川中流有個深淵叫做「寢覺之床」，那裡的主人是隻長6尺的半裂，每年都要求人類獻上年輕女孩作為祭品。如果拒絕的話，就會引發暴風雨打壞農作物，又或者發生嚴重的傳染病。

從這些傳承可以看出大山椒魚和「龍神」一樣，與農耕信仰息息相關。

Culture

大山椒魚能當藥？

迷信中認為大山椒魚具有藥效，經常被用於民間療法。通常是作為滋補強身用藥，人們會將大山椒魚乾燥後磨成粉，又或者是烤來吃。不過年輕人吃太多的話，會因為太上火而流鼻血，甚至可能催動淫慾。

另外在茨城縣認為小兒夜哭、氣喘、有痰等，可以將大山椒魚活切生吃、或者是烤到黑掉來吃都有效。

如果在土用丑日食用，則對腸胃好（愛知）；有心臟病可以喝大山椒魚的生血（廣島）；另外甚至還有如果吃到食物中毒就吃山椒果實（岡山縣）這種簡直八竿子打不著的說法。

由於現在大山椒魚被視為國家指定的天然紀念物而受到保護，所以就不能吃了。

由太陽信仰而生的山神使者

烏鴉

【karasu】

在全世界都具備神之威嚴的烏鴉
在日本也以身為太陽信仰中心熊野三山的神使而聞名

中國太陽信仰的靈鳥，身具神威的八咫烏

烏鴉夜啼聲乃不吉？ History

在民間傳說的迷信當中，幾乎都是和鳴叫聲有關。有許多地方認為烏鴉叫表示會死人、晚上啼叫會死人、或者是發生火災等凶險之事，乃異變的前兆。其中還有地方（島根縣）認為烏鴉大叫吵鬧的時候會發生乾渴症（糖尿病？）。

烏鴉由於其詭異的叫聲和黝黑的羽毛，因此經常給人不吉利的印象，但自古以來牠在世界各地都被人們視為靈鳥。

在古埃及，牠是太陽之鳥；在英國，渡鴉是亞瑟王被施了魔法之後的樣貌，因此一般認為傷害牠會招致不吉利的事情。

日本也一樣，烏鴉自古就被認為是山神或者祖靈的使者，相當神聖，被稱為「MISAKI」或者「MISAKI神」（ミサキ神）。

在《古事記》和《日本書紀》當中以神使身分出現的「八咫烏」，是來自中國認知中棲息在太陽裡的「日烏」這種存在。記紀神話本身並沒有將其與太陽連結在一起，但從牠們會在即將天明時群聚喧鬧的習性看來，會與太陽信仰連結也不難想像了。

在農耕文化中誕生的太陽的神威正是來自八咫烏，也就是烏鴉的靈力。

作為好兆頭的吉祥鳥、占卜是否豐收的農耕守護神

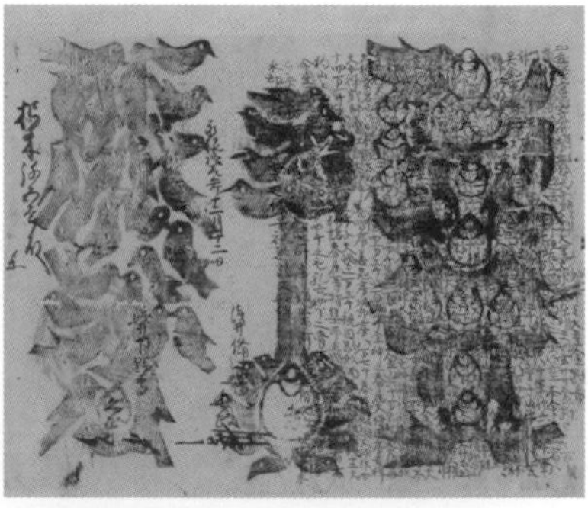

淺井久政、淺井長政連署起請文（引用自國立公文書館數位館藏）
印刷著烏鴉文字的熊野三山「熊野牛王神符」。1565年淺井長政及其父久政在寫給朽木元綱的起請文（契約書）上寫著若是破壞誓約，將遭到神罰。

在《日本書紀》當中記載，由大唐歸國的使者帶回了三腳烏鴉的屍體，因此大家都相當高興。在平安時代的法令集《延喜式》裡也有紀錄顯示，各國獻上的貢品中，三腳烏鴉或天鵝是吉事發生之前兆。在任何環境下都能生活的烏鴉，後來也住進了神社和寺廟，而牠們的生活型態彷彿在傳達神意，因此開始被人類認為是靈鳥。

烏鴉在自古即存在太陽信仰的熊野三山（本宮、新宮、那智大社）擔綱神使。正月元旦的祭典「八咫烏神事」活動中，各社會頒發畫有許多烏鴉圖樣的神札。

其他各地神社也會利用棲息在山上的烏鴉打造「烏勸請」、「烏喰」等神事活動，每年都以烏鴉的行動來占卜神意。

同樣的，在民間也有類似的活動。供奉祭品給農耕守護者烏鴉，除了祈禱豐收以外，也會從牠們吃貢品的樣子來占卜是否能夠豐收。在迷信當中認為烏鴉會告知死訊，另外還會預知起火、火災等。這證明了烏鴉與人類的生活有多麼密切。

〈神武天皇東征之圖〉安達吟光
在東征途中，受到八咫烏指引的神武天皇。

Culture

相傳棲息在太陽裡的靈鳥・八咫烏

日本足球協會的標誌八咫烏，應該是日本神話當中最有名的靈鳥吧。

神武東征的時候，八咫烏被高木大神和天照大神派遣，前去將神武天皇從熊野國引領到大和國。咫是長度單位，大約18公分，不過八咫的涵義是「很大」。

在《古事記》和《日本書紀》裡面並沒有特別描寫牠的腳，後來會認為八咫烏有3隻腳，應該是平安時代的辭典《倭名類聚抄》裡提到，中國流傳著棲息於太陽中的靈鳥三腳烏鴉乃「神之使者鳥」，結果便融合在一起了。

漢代壁畫的三腳烏鴉

呼喚幸福的美麗靈鳥

鶴

【tsuru】

給人喜慶印象的鶴，
是僅次於鳳凰的高貴靈鳥

擁有優雅身姿的鶴，自古以來就被日本人認為是極為神聖的鳥類，而其紅色頭頂更被認為是值得慶賀的吉事象徵。最古老的文物是由8世紀皇族宅邸遺跡出土的土器，上面描繪著應該是丹頂鶴之類的鳥類。

鶴在東亞被認為是非常吉祥的祥瑞之鳥，也經常使用在文學和美術題材之中。古代中國的傳說也認為牠是居住在仙界的鳥類，姿態優美的丹頂鶴更被視為是僅次於鳳凰的德高貴重存在。

鶴在日本也被認為擁有千年壽命，和萬年壽命的龜湊成一對的時候，吉祥地位也更高了。另外鶴也常與常綠樹搭配在一起。和象徵不老長壽的松樹組合時，就是非常吉祥的圖案。但實際上並沒有松樹

鶴的招福信仰

Culture

日本各地都流傳著關於鶴的迷信。比方若有鶴飛來表示會有吉事（山梨）、飛到神宮的話絕對會有好事（愛知）等，都是屬於吉兆；但是也有將鶴腳煮湯飲用可以醫治神經痛（大分縣）這種與靈性不太相同的傳說。

德高貴重的存在且受人崇敬
紅白美麗姿態

上的鶴這種情況，應該是古人看錯了將巢設立在大樹上的鸛。因為鶴是習慣在地面上生活的鳥類，幾乎不可能棲息在樹上。

　正月十七日在宮中有個儀式叫做「鶴包丁」，是在天皇陛下面前示意切鶴肉的活動。這並非祈禱千年長壽，而是將其頭、頂、骨、左右的羽毛視作五穀，是祈禱五穀豐收的儀式。

　另一說則認為其由來是1587年一統天下的豐臣秀吉在大阪城舉辦的茶會席間向天皇獻上鶴的關係。之後鶴就被認定是高貴的鳥，而鶴包丁的習俗在那之後也成為幕府和大名家的年初、慶賀弔唁時的活動。

　另外在江戶時代，鶴的圖案只有武家、公家等身分高貴的人才能使用。當然，民間對於鶴的信仰時至今日依舊存在，就如同大家所認知的那樣、被視為神聖又吉祥喜慶的圖案。

Culture

鶴報恩的古老故事

民間故事中講述鶴的神祕性的故事，也包含《鶴的報恩》、《鶴妻子》等異類婚姻譚。一般認為原型之一應該來自室町時期的故事書《鶴之草子》。

　但是這個故事當中並沒有那最有名的橋段，也就是鶴化身為女子「織布」的要素，反而有美麗的妻子遭到領主搶奪的插曲。要來搶妻子的一干人等最後被妻子的靈力解決了。這類故事在異類婚姻譚當中被歸類為「難題妻」，在中國、朝鮮、印度、土耳其等甚至歐洲的故事中也很常見。

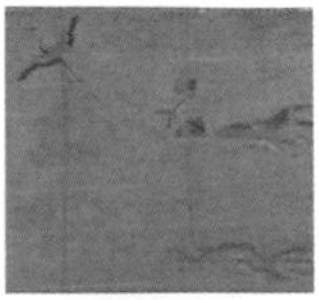

〈鶴之草紙〉
（京都國立博物館藏）

祝福與智慧的神使

貓頭鷹

【hukurou】

象徵智慧與學問的貓頭鷹
同時具備招福的靈性與猛禽的兇暴

夜晚在森林中閃著碩大眼睛，無聲無息來回飛行的猛禽貓頭鷹，是自古以來就被認為具有靈性的鳥類。在日本也有紀錄留存在《日本書紀》當中。

在仁德天皇出生的那天，有木菟（雕鴞）飛進了產房。而前一天大臣武內宿禰之子誕生的時候，有鷦鷯飛來，由於相當吉祥因此交換命名，天皇被命名為「大鷦鷯皇子」，

日本與西洋共通的印象

Culture

古希臘神話中的貓頭鷹，是智慧女神雅典娜的象徵。貓頭鷹也因此被認為是智慧的象徵，在民間故事中經常以長老或者賢者身分登場。日本和希臘一樣都認為牠是智慧和學問的象徵，這點非常有趣。

而宿禰的孩子則被命名為「木菟宿禰」。看來從那時候起，貓頭鷹就被認為是為新生兒帶來福氣的靈鳥。

另一方面，在《日本書紀》裡把不遵從朝廷命令的地區之長稱為「TAKERU」（タケル），意思是「兇暴之人」，卻把漢字寫作「梟帥」。可見除了招福的靈性以外，貓頭鷹（梟）也是大家都認同的兇暴猛禽，這也是貓頭鷹神聖的原因之一。

埼玉縣秩父市的秩父神社將貓頭鷹當成神使。這間神社祭祀的是天岩戶神話中的智慧之神八意思兼神，到了鎌倉時代又結合全知全能神天之御中主神，中世紀以後則是通見真理與善惡的佛、還有妙見菩薩的妙見信仰也都融合在一起。這三種信仰的融合，更加確立了貓頭鷹為智慧之神的立場。

於《日本書紀》登場，為新生兒授福的吉兆之鳥

Culture

對愛奴人來說是守護神

居住在北海道等地區的愛奴民族也把貓頭鷹視作神聖動物，他們把毛腿漁鴞稱為KOTANKOROKAMUI（村莊守護神），認為牠是在夜晚守護村莊的守護神。

與貓頭鷹有關的神謠也超過30個。其中之一是「貓頭鷹神明在上空盤旋的時候，發現有錢人家的孩子在欺負窮人家的孩子。祂前往窮人家一看，他們相當崇敬自己還釀酒迎接神明。主人甚至還將酒分給有錢人家，令人相當感動」。

相當吉利的祥瑞動物

雉 【kiji】

身為祥瑞動物而被視為神聖存在的雉雞
是年號「白雉」由來的靈鳥

日本國鳥雉雞自古以來就被拿來食用，對於日本人來說是關係相當密切的鳥類。

奈良時代的隨筆集《徒然草》當中提到牠是鷹獵的獎勵，並且還是屬於品格相當高的物品，收到的人會相當高興。另外在和歌集《萬葉集》裡也收錄了6首與詠嘆雉雞相關的和歌。

根據《日本書紀》的記載，650年起的年號「白雉」便是由於那一年捕到了白色的雉雞，因此改元。

平安時代的法令集《延

雉雞能預知地震!? Column

與雉雞相關的迷信大多與預知地震有關。若是非常吵鬧的鳴叫聲就是預兆（從青森到鹿兒島都有，遍及全國）。另外還有夜晚鳴叫（秋田縣、長野縣等）、陰日鳴叫（群馬縣）等事例。近年來也使用科學方法進行研究，有報告指出雉雞的確能夠感應到地震的初期震動。

預言吉兆，作為高品格之動物受人喜愛的白雉

喜式》裡解說白色雉雞是中國山脈中道教聖地泰山的精靈。可見雉雞作為吉兆動物有多麼神聖。

另外雉雞在民間迷信當中也被世人認為能夠察覺災害異變而啼叫，也就是能夠預知未來的動物。另外民間療法也認為烤雉雞可以治療癲癇（山形縣）、燃燒羽毛後的碳化灰塗抹在耳朵上能夠消除疼痛（愛知縣）等等。

相反地，也有一些會因此無效的說法，比如受傷的時候吃雉雞就會治不好傷（群馬縣）、吃雉雞蛋的話會讓藥物失效（福岡縣）等等。這些傳承都可說是證明了雉雞是人類生活中相當親近的存在。

Culture

桃太郎的雉雞

日本最有名的雉雞，就是桃太郎的部下了。香川縣的桃太郎傳說中提到，部下們雖叫猿猴、雉雞、狗，但其實都是人類。狗是擅長操船的岡山縣犬島人，猿猴是陶藝師猿王，而雉雞則是鬼無町雉谷的使弓名人。

帶著人類部下的桃太郎前往女木島（鬼島）和鬼作戰。那麼，為何桃太郎要挑選猿猴、雉雞和狗作為部下呢？有一個說法認為鬼島在東北（丑寅）方位的鬼門上，而能夠抑制鬼的方位是西南的裏鬼門，因此從裏鬼門依順時鐘方向選擇申酉戌（猿、雉、犬）作為部下。

〈繪本寶七種〉山東庵京傳

由天界下凡的天女化身

天鵝

【hakuchou】

純白而姿態優美的天鵝，
自古代起就是侍奉高貴存在的神使

到了冬季，大型的候鳥「天鵝」就會從西伯利亞或鄂霍次克海沿岸一帶起飛，來到溫暖的日本過冬。這種大型鳥類以「鵠」這個古名出現在《日本書紀》之中。

在農耕信仰當中，牠們也有著與稻作相關的傳承，自古以來人們就認為牠們是搬運「稻魂」、「穀靈」的靈鳥，相當神聖而使人倍感親切。

古代的人們看這些白色鳥兒每年在農作物收穫結束的秋季從海的另一端飛來，又在植物開始發芽的春季離去，因此認為牠們是象徵穀靈之死與再生的使者。而最為明確又強烈表現出天鵝信仰的，便是記紀神話提到的「日本武尊死後成為白鳥」。日本武尊雖然葬在能褒野（現今三重縣），卻化身為白

天鵝可以預想天候 Keyword

民間迷信當中將重點放在天鵝的候鳥特徵上，因此多半和天候有關。天鵝飛來就會降雪（青森縣）、移動的話就會有風雪（北海道）、聚集在海岸邊吵鬧就是暴風的前兆（青森縣）等等。這些都是在牠們的過冬地流傳的內容。

秋季降臨而春季離去的天鵝象徵穀靈的死與再生

鳥，從大和的琴彈原飛到了河內的古市。這三個地方都建造了他的墳墓。

象徵穀靈的「年糕」（譯註：日文漢字為「餅」）化為天鵝離去，這個「餅化白鳥譚」流傳在日本各地，而日本武尊也作為農業神受人信仰，因此出現化為白鳥的傳承也是可以理解的。不過古時的白鳥並非絕對是在指稱天鵝，而是「有著巨大翅膀的白色鳥類」。

除此之外還有「白鳥處女傳說」，也就是異類婚姻故事中最有名的「天女羽衣」。這個故事是說由天界飛來的天鵝化為女性的姿態，脫下羽衣在水邊沐浴，結果被男人藏起了羽衣的故事。

天鵝那純白而優美的姿態曾給人一種強烈的印象，因此覺得牠是侍奉高貴存在的神使這點並不難想像。想來這也是歷史上不斷有各種傳說流傳的理由。

Culture

在日本也很受歡迎的德國天鵝傳說

述說天鵝靈性的故事，並不是只有日本才有。源自中世紀德國傳說的故事「天鵝湖」便名響天下。

奧黛德公主被巫師羅特巴特變成了天鵝，由於齊格弗里德王子強烈的愛情才得以獲救，這也可以說是異類婚姻故事中白鳥處女傳說的變體類故事。

天鵝湖這個故事有柴可夫斯基作曲的芭蕾舞劇（據說故事大綱是他自己寫的），在日本也是相當受歡迎的劇目。

擁有神聖啼叫聲的神使

雞

【niwatori】

以高亢的叫聲宣告夜晚終結
喚醒陽光、大吉大利的靈鳥

雞在日本作為家禽的印象比較強，但其實自古以來牠就被視作靈鳥，是神聖的存在。文獻中最初提到雞這種靈鳥，是在《古事記》的天岩戶神話。當天照大神隱身於岩穴之中，眾神找來人類世界的長鳴鳥、讓牠們一起啼叫來讓天岩戶的門開啟，喚醒陽光。「咕咕咕！」的高亢叫聲，能夠宣告惡靈跋扈的異界夜晚終結，呼喚陽光，告知早晨到來，因此相當吉利。

雞是天照大神的神使，所以身體上的白色部分也被認為是神聖的，所以有

告知水難場所的靈力

Culture

在各地傳承的習俗當中，如果發生水難意外，找不到溺死之人的話，就會將雞放在船上，牠就會在屍體沉沒之處鳴叫。這也展現出牠具有能夠看透水中異界的靈力。

雞的高亢鳴叫聲之中寄宿著喚醒太陽的神聖力量

許多神社會飼養神雞。伊勢神宮每20年舉辦的式年遷宮，在神明搬家的最後階段「遷御之儀」當中有個儀式是要三度鳴唱「咕咕咕」的叫聲，這叫做「雞鳴三聲」，然後敕使會喊「出御」。也就是神明配合雞的聲音搬遷到新的宮殿去。

另外人們也認為牠們可以預知神意帶來的吉凶。在軍記物《平家物語》當中提到熊野水軍的故事，說他們讓紅色的雞和白色的雞互鬥，藉此占卜神意，來決定壇之浦之戰他們要站在哪一邊。

與這個故事相關的神社，就是和歌山縣的鬥雞神社。

Culture

象徵金銀財寶的雞

全國都流傳著類似的傳說，認為金色的雞能夠讓人得知山中埋藏的寶藏所在。據說用金銀做成雞的擺飾，隱藏在山中或深淵裡，據說也會聽到它的鳴叫聲。

岩手縣平泉的金雞山因為相傳藤原秀衡在這裡藏了一對雌雄黃金雞而廣為人知。

為何財寶會與雞產生關連，理由不明。但畢竟原先人們就認為聽到美麗的金雞鳴叫就會招來財富或吉祥之事，可能是因為這樣的靈力，才讓人們也把金銀財寶與金雞傳說連結在一起。

金雞山的山頂

身懷光明輝耀靈力的聖鳥

【tobi】鳶

同時具備神力及魔力的靈鳥鳶
會發出雷光般的光芒，為神武天皇助勢

鳶會在鄰近人類生活圈的森林裡築巢，是與人類相當親近的猛禽。就如同「炸豆皮被搶」這句日本俗語所述，牠們會從人類手中搶奪食物、甚至翻找殘羹剩飯。

而人類觀察祂們的尖嘴和狡猾以後催生出的便是烏天狗。

鳶自古以來便被認為是神聖的靈鳥。最有名的就是寫在《日本書紀》裡面的金鵄。

預知天氣的能力　Keyword

鳶有許多與天候相關的迷信。早上有鳶飛過就會放晴、傍晚飛過會下雨（長野、愛知）；相反地也有早上飛過會下雨（新潟、福井）、傍晚飛過會放晴（群馬、岐阜等地）等說法。由此可知人類經常觀察鳶的行為。

形象為「金色之鳥」、兼具強悍與神威，日本書紀中的靈鳥

　閃爍著光芒的金鵄出現在東征中的神武天皇軍隊面前，停留在天皇的弓上。接著牠發出了有如雷光般的光芒，讓敵人都睜不開眼睛，因此天皇便取得了勝利。

　只不過，其神威也能成為魔力。室町時代的軍記物《太平記》當中就曾提到日本三大怨靈之一的崇德上皇化成了巨大金鳶的樣子現身。

　鳶被認為有靈性的理由之一，有人認為是牠的鳴叫聲。在雅樂中使用的和琴起源是一位拿著弓和金銀羽毛的神明，祂會用羽毛來撥響琴。也就是將琴聲和鳶鳥發出的聲音連結在一起。牠的鳴叫聲「嗶咿呼嚕嚕……」象徵了鳶的靈力是促成人與神明交流的媒介。

Culture

幫助東征的鳶，其真面目為？

　幫助神武東征的鳶，根據岐阜縣垂井町的當地傳說，其身分是南宮大社祭神金山彥神的使者。

　金山彥神是掌管礦山和冶金的神明。傳說很可能是暗喻著當時岐阜縣周邊有一股勢力使用最新的技術，也就是金屬加工技術製造出武器奉獻給神武天皇。

　鳶所發射出的雷光，只要想像成是金屬反射了天照大神靈力、也就是太陽光的話，就非常合理了。

〈神武天皇〉月岡芳年
（引用自《大日本名將鑑》）

具有破壞性個性的水靈

鯰

【namazu】

巨大的蛇和龍轉化為鯰
與水神及龍神都有密切關係

作為引發地震的元凶而被畏懼，棲息於地底的巨大鯰魚

守護美麗肌膚的神使 History

關於鯰魚，有著能夠治療皮膚病的信仰。佐賀縣豐玉姬神社的祭神豐玉姬為了幫助受傷的鯰魚而用溫泉水幫牠淋浴，結果鯰魚變成白色並恢復精神，成為神使。之後，相傳若生了皮膚病，只要向牠祈禱就能夠擁有美麗肌膚。

在水產資源豐富的日本，最神聖的魚類應該就是「鯰魚」了吧。從前的人認為地底下有巨大的鯰魚，而且還是引發地震的元凶。

鯰魚能夠察覺水中或者水面上獵物的輕微振動，快速捕食。

另外牠也對電場的變化相當敏感，因此有人指出牠應該擁有能夠預知地震的能力。

這些特性受到人類矚目，因此才會認為地震是牠引起的。也有一說認為，這是水靈中具代表性的蛇之角色轉化為同為水靈的鯰魚後的結果。

然而在記紀神話這類古代傳承當中，並沒有出現鯰魚。能夠確認的是奈良時代初期的《常陸國風土記》當中的紀錄表示古社鹿島神宮的祭神，也就是記紀神話中也有出現的建御雷之男神，用要石壓制了大鯰魚的經過。但這兩者是何時被連結在一起的則不明確。

安土桃山時代，在豐臣秀吉建造伏見城的時候，寫給家臣的指令裡面就包含了「建造能夠耐得住鯰魚地震的堅固城池」，可見地震與鯰魚有關，並不是太新的迷信。但在平民之間會稀鬆平常提起，已經是江戶時代之後的事情了。

在江戶時代的地震紀錄書籍《安政見聞錄》裡頭提到１８５５年10月發生安政大地震之前，鯰魚相當焦躁不安，因此在地震發生後市面上出現了兩百多種鯰魚圖，非常受歡迎。鯰魚圖包含了地震相關的大新聞等，是社會情勢的報導紀錄媒體。

這些紀錄也說明地震的原因是茨城的鹿島神宮祭神建御雷之男神於神無月前往出雲（島根縣）赴會，因此要石的靈力減弱，導致鯰魚引發了大地震。

雖然鯰魚和地震有關的信仰非常深厚，但如果談到藥效部分，則是有些地方認為其肉有藥效，也有些地方禁止食用鯰魚。

無論如何，這都表示身為魚類的鯰魚對於大眾來說是相當親近的存在。因此才會在各地都流傳關於鯰魚的信仰。

熊本縣的阿蘇神社將鯰魚當成神使，而這間神社留下了祭神建御雷之男神的「踢破神話」。以前阿蘇還是個大湖泊的時候，建御雷之男神（阿蘇大明神）為了將水引導至田地中，因此一腳踢破外輪山，打跑了堵塞水流的大鯰魚。而大鯰魚本身則被祭祀在阿蘇神社的本宮，也就是國造神社的「鯰宮」當中。

治療皮膚病的鯰魚　Column

皮膚病和鯰魚的迷信遍布全國。有些地方認為吃了鯰魚會讓皮膚生出白斑，但也有些地方認為吃了鯰魚可以治好。還有某些區域會將鯰魚放在病灶處摩擦。

〈安政江戶地震與鯰魚圖〉作者不明

阿蘇大明神信仰起源於火山信仰，隨著時代演變也逐漸擁有山岳的水流信仰，可能因此發展出了龍神信仰。也因此水靈中的蛇＝龍的角色，便轉化到鯰魚的身上。

滋賀縣琵琶湖的竹生島上有個竹生島神社。根據那裡流傳的故事表示，棲息在海中的爬蟲類海龍化身為鯰魚，打敗了大蛇。

因此牠是守護島嶼和神社的動物，所以此處不可以濫捕鯰魚。而同樣位於竹生島上的寶嚴寺，每年會發「鯰免狀」給湖岸的村子負責人，允許他們獵捕鯰魚。

鯰魚在日本各地都讓人感受到龐大的靈力，一路傳承至今。

Culture

幽默的壞人角色・鯰

江戶時代中期，歌舞伎十八番中的劇目《暫》當中有個壞人角色「鯰坊主」（鹿島入道震齋）。這個壞人角色是負責逗笑觀眾的，臉妝的上半段是紅色線條、而下半段則是藍色線條，嘴角周圍則畫著有如鯰魚鬍鬚的線條。

有些鯰魚圖會畫主角鎌倉權五郎景證用大石頭壓制了虛張聲勢、宣稱自己與地震有關的鯰坊主的場景，但實際上《暫》當中並沒有這樣的橋段，這樣的作品純粹是因趣味性而生。

貼近生活的吉祥物象徵

鯉

【koi】

據說會進化為龍的鯉魚
以生意興隆、招財招福之能匯聚了信仰

鯉魚對日本人來說，是之後會成為龍的「出人頭地魚」，在各種階級當中都被視作吉祥物。宮中和武家的菜刀儀式「龍門鯉」，到了江戶時代成為祝賀大名升官的料理。圖鑑《和漢三才圖會》當中記載了「砧板上的鯉魚」原典故事，也說明在被料理的時候就不會亂動的鯉魚，如此乾脆的行為深受武士喜愛。

同時期在武家推展開來的風俗習慣則是「鯉魚旗」。將軍家若生下男孩子，就會豎起類似旗子的

江戶的巨大鯉魚傳說

Keyword

江戶時代初期，江戶的隅田川上要蓋千住大橋，但每次只要立起橋墩，有著鮮艷美麗紅色的河流之主「單眼大紅鯉」就會撞到橋墩而使橋幾乎損毀。後來只好將橋墩之間的距離拉大，讓鯉魚能夠自由在河中游動。

起源自中國故事「登龍門」、吉祥的出人頭地魚

東西（印染有家徽圖案的長條旗）作為告知，這個習俗便拓展到武家。後來也推廣到江戶平民之家，轉變為祈求孩童成長，以「鯉躍瀑布」為題材將鯉魚畫在旗子上的「鯉魚旗」。

另外，鯉躍瀑布的繪畫題材也成了人們所熟悉的吉祥物，還會製作成掛軸來祈求商業繁榮、招來財福等，作為生意或事業的祝賀品。

在其他的古老紀錄中也包含了《日本書紀》裡提到前往美濃國的景行天皇為了吸引美麗女性的注意而在池中飼養鯉魚，後來真的順利追求到美人的故事。

從這個故事也衍生出鯉魚作為神使替人結緣的信仰。

Culture

躍過急流以後，鯉魚便會成為龍

在中國自古以來就有「鯉躍龍門」的說法，認為鯉魚相當神祕。龍門指的是黃河上游流經龍門山的一股急流。這個河流非常湍急，無論是什麼魚都無法躍過，就只有鯉魚能夠過得去。

一旦具備如此神祕的力量，鯉魚就會化為龍，而這樣的情況也催生了以「登龍門」來表示出人頭地、彷彿高升為龍的說法。到了現今，鯉魚仍然被喻為發跡的契機、成為出人頭地的象徵。

〈水道橋駿河台〉歌川廣重（引用自《名所江戶百景》）

為人類帶來福氣的神之魚

【sake】鮭

在日本飲食文化中獨具存在感的鮭魚
是帶來財富的神使

鮭魚是在年底年初時會吃的過年魚，對於日本人的傳統飲食文化來說是相當密切的魚類。長野縣的繩文遺跡中挖出了上頭描繪了鮭魚的古物。表示自古人們就知道在海洋生活中成熟的成魚具有回歸原生河流產卵的習性。這種古物稱為魚形文刻石（通稱鮭石），古人認為鮭魚的生態循環表現出死與再生的神力，可能因此認為牠是神明的使者。

北海道的愛奴人雖然是狩獵民族，但也有人指出他們生活中心是漁業。理由之一是愛奴語當中把鮭魚稱為SHIPE（シペ）也就是「真正的食物」。對於愛奴人來說，鮭魚是重要的蛋白質來源，因此是神明的贈禮，也稱呼牠們

乘坐鮭魚而來的一族 History

在柳田國男的《遠野物語拾遺》當中提到身為遠野最古老家系的宮家祖先，是乘坐在鮭魚群的背上渡河，從氣仙那裡來到此地。宮家之後也經常受到鮭魚的幫忙，因此永遠不吃鮭魚。

鮭魚是生命之源，同時也作為神明的贈禮而受到崇敬

為「KAMUICHEPU」（カムイチェプ，神之魚）。獵魚的方法也有獨特的儀式，比方說要使用一種稱為ISABAKIKUNI（イサバキクニ，打頭木）的棒子，敲打每一條捕獲的鮭魚的頭。這裡的棒子INAU（イナウ，木幣）是種儀式用具，是鮭魚回到神之國時的伴手禮，如果不這麼做的話，就會惹得神明不開心，這種說法各地都有。

愛奴人的聚落大多是沿著交通路線的河流蓋成，其中他們特別喜歡鮭魚洄游的河流。如果漁期接近了，就會進行ASHI-RICHEPUKAMUINOMI（アシリチェプカムイノミ，新鮭的祈禱）來祈求漁獲能夠持續豐收。

在本州地方，鮭魚洄游的河流周邊，有些地區除了重視水產資源以外，更結合了惠比壽信仰。過年時料理鮭魚來吃的「過年魚料理」這個風俗習慣，是因為人們認為牠是帶來財富與幸福的神使，所以才與信仰結合在一起。

Culture

鮭魚大助的傳說

在東北地方大量流傳的奇妙迷信當中，有一個是相傳在陰曆11月15日，或者12月15日的晚上，會有鮭魚怪魚大助及小助大喊著「鮭魚大助（小助）上來啦」然後沿著河流逆流而上。

據說聽到那聲音的人會在3天後死去，因此村人在這個時期都不去河邊工作，並且會大聲吵鬧、搗年糕等以免聽到那聲音。另外這時候搗的年糕也被稱為「遮耳朵年糕」。

這個奇妙的「鮭魚大助」之名，在室町時代的故事集《鴉鷺合戰物語》之中也有出現。

鮭魚會迴流到故鄉河流的習性，在全世界都被認為是一種神聖的現象，因此也有些民族禁止食用鮭魚。

弔唁死者魂魄的咒術之物

【kai】貝

自古以來貝類就被認為具有靈力
被當成鎮魂的咒具和靈藥來運用

如同大家熟知繩文遺跡有貝塚，日本人與貝類自古代以來就有著很深的關係。但這並不是單純食用而已，日本人也認為牠們有靈力。從遺跡出土的毛蛤手鍊，可以看出是用來作為豐收的象徵、同時也被拿來作為幫死者鎮魂的咒術用具。

在神話傳說當中也有貝類出現。《古事記》提到大國主命因火傷而亡時，蚶貝比賣將貝殼磨成粉末、蛤貝比賣則將其混合成藥物來讓大國主命復活。這是將貝類的神力與

各種奇妙迷信

Column

日本全國有許多詭異的貝類迷信。像是孕婦吃了貝類會生下吐舌的嬰兒（兵庫縣等地）、3月3日在海邊玩若沒有吃魚或貝類就會生下斑蛇（沖繩縣）、懷孕期間或產後若食用貝類則陰部會鳴叫（大阪府）。

當時的民間療法結合在一起的故事。之後日本流行起霍亂的時候，也有迷信認為貝類的粉末具有預防功效。

另外在《出雲國風土記》當中提到蛤貝比賣成為法吉鳥（鶯）飛走。這是由於貝類被認為是往來於現世及死後世界的鳥類之靈。

既是豐收象徵，也是為死者鎮魂的咒術之物

貝類與靈魂相關的故事，也和以八幡信仰的總本社宇佐神宮為首、在全國各地舉辦的鎮魂會放生會（將捕獲的魚類或鳥類野放的宗教儀式）相通。大和朝廷在討伐九州的時候，為了鎮壓遭到殺害的原住民族隼人的靈魂，因此將當時認知代表靈魂的卷貝和蛤蜊放生到海裡。

Culture

創造海市蜃樓的蛤蜊

海市蜃樓是由於光線曲折導致地面上或水面上的景色浮現在半空中的現象，古代中國和日本認為這是一種名為蜃的生物所吐出的幻影。在日文中稱為「蜃氣樓」就是因為在人們的認知中，那是蜃所吐出的氣息打造出的樓閣。

蜃據說是龍的一種，也被認為可能是巨大的蛤蜊。因此日文把蜃的漢字念作「OOHAMAGURI」（オオハマグリ，大蛤蠣）。在《和漢三才圖會》裡同時記載著海市蜃樓這種現象可能是龍或者大型蛤蜊車鰲吐出來的兩種說法。

〈車鰲〉寺島良安
（引用自《和漢三才圖會》）

渾身鮮艷紅色的靈魚

鯛

【tai】

神事及祝賀儀式上不可或缺的鯛魚
在江戶時期成為象徵財富福氣的存在

用來驅除邪氣的咒術顏色是紅色，因此紅色的鯛魚在日本自古以來就是非常吉利的魚類而廣受歡迎。牠的身體非常強健，下至平民上至武士都非常喜歡牠。江戶時代在大名上貢給幕府的食品之中也經常會用到鯛魚。

另外訂婚結婚、七五三等神事或者喜慶、祝賀的儀式上，會裝飾著頭尾翹起的「從頭到尾」鯛魚並且拿來食用，這已經是不

喚來幸福的鯛魚

History

鯛魚有許多吉祥的迷信。例如夢見鯛魚會成為富翁（栃木縣）、將鯛魚的眼珠放在衣服裡弄破就會發生好事（愛知縣）。另一方面，也有相反的說法，像是插秧時吃鯛魚（紅色的魚），田地就會絕滅（日文音同鯛）（秋田縣）。

自古便以喜慶魚之姿成為吉祥物之中的主角，也是驅除邪氣的魚類王者

可或缺的習慣。

鯛魚在獻給神明的貢品當中是最為高級的，從古時候開始就被用在儀式之中。

由此可知鯛魚自古以來就是神聖的魚類，不過信仰拓展到一般大眾身上，是由於江戶時代與七福神裡面的惠比壽信仰結合的緣故。

記紀神話的內容提到，伊耶那岐命和伊耶那美命最初的孩子蛭子被放流到海裡，之後蛭子成了福神回來，據說就是拿著釣竿、抱著鯛魚的漁業之神惠比壽。

江戶時期流行起惠比壽信仰，因此鯛魚也逐漸被定位為象徵財富福氣的存在。而到了秋天的祭典「惠比壽講」時，人們也會供奉兩條鯛魚。

Culture

在日蓮誕生時狂舞的鯛魚

千葉縣鴨川市小湊的「鯛之浦」因為鯛魚傳說而相當有名。

這裡最為人所知的就是鯛魚會從深海一路游來海岸。傳承中記載著１２２２年日蓮宗祖師日蓮在此地出生的時候，鯛魚群起飛躍、蓮花也大肆盛開。

另外日蓮乘船前去供養雙親的時候在船上念起經，海上便出現經文，而鯛魚群則吞食了那些文字。

當地的村民們認為這些鯛魚是「日蓮聖人的化身」，將牠們視為神聖的存在，一直守護著這個傳承。

現在此處２００海浬內的海域及陸地上都被劃分為國家特別天然紀念物指定地區，禁止進行釣魚捕撈行為。

在海洋異界囂張跋扈的詭異存在

章魚

【tako】

神祕又有著詭異模樣的章魚
留下許多牠身為怪物的傳承

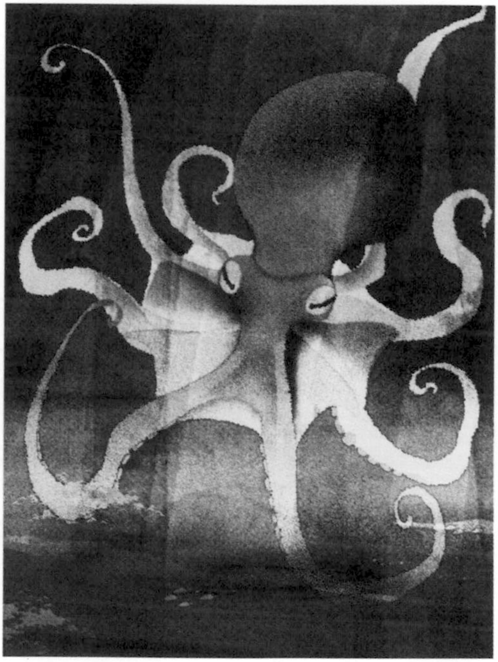

有著濕滑軟彈圓形身體加上八條觸手、一生氣就會吐出黑墨，在陸地上也能好好活著的神祕生物。這種超越人類理解的樣貌、以及能在海中這個異界自在悠遊的生態，除了被認為是種幽默又有親和感的角色以外，自古以來人們也將牠當成神或神使加以敬畏。

在《和漢三才圖會》當中說明「巨大的章魚如果和人類、狗或者猿猴之類的生物打鬥，會用吸盤吸住對方再殺害」。確實日本全國都有怪物章魚將人類或船隻拖入海中的傳承，比方京都府的妖怪衣蛸、北海道愛奴傳承中的RAATOSHIKAMUI（ラートシカムイ）等，留下

被認為是神明也是惡魔的歐洲章魚

Culture

歐洲的地中海沿岸諸國雖然會吃章魚，但是在歐洲中北部牠被稱為惡魔之魚、相當受人厭惡。也有流傳大章魚會將漁夫一口吞下的傳說。另一方面，在夏威夷的創世神話當中出現的海神卡納羅亞就是大章魚。

擁有將人拖進海裡的恐怖以及救人的兩面性

很多目擊證言。

而另一方面，牠神奇的生態也催生了章魚信仰。

大分縣的早吸日女神社據說是神武天皇創建的，其御神體是原本由一隻大章魚保護的神劍。

神武天皇東征的時候途經豐予海峽，而此地海中的大章魚向祂派遣的兩位海女獻上了能平息浪濤的劍。神武天皇收下了那把劍，而那正是目前的御神體。現在參拜者為了祈求心願達成，仍然會供奉畫有章魚的繪馬，同時要進行在一段時間內不得食用章魚的「禁食章魚」儀式。

鳥取縣伯耆町的福岡神社流傳其祭神速玉男命在和歌山縣的熊野灘遇難之時，曾被大章魚救助的傳說。另外石川縣七尾市的愛宕神社的傳承則是，由海中出現的大章魚讓伏火之神、也就是該神社祭神的愛宕大人乘坐而順利防範了火災。

從牠幫助各種神靈的立場看來，章魚的靈力應該和龍神也有著強大連結。

Culture

攻擊人類的怪物章魚

越中滑川（現今富山縣滑川市）的海中，據說有隻會翻覆漁船、攻擊人類、吃掉牛馬的大章魚。

曾經有漁民在海上漁船裡假裝睡覺，章魚便試探性地靠過來並伸出觸手，漁民趁機用斧頭砍斷了牠的觸手。這隻大章魚的觸手光是掛在屋簷便能垂到地面，據說一個吸盤就足夠當一天的糧食。這類大章魚和人們的搏鬥場景，也經常出現在江戶時代的浮世繪、錦繪上。

〈滑川大章魚〉歌川廣重
（引用自《大日本物產圖會》）

帶來財富的蟲之精靈

蠶

【kaiko】

在記紀神話當中也有所描寫的蠶之靈威
象徵著養蠶曾是重要產業

蠶能夠吐出絲綢的原料生絲，在亞洲自古就是倍受重視的昆蟲。日本的養蠶技術是在稻作傳入的前後，約彌生時代中期傳入的，到了平安時代則拓展到全國。

在奈良時代寫成的《日本書紀》和《古事記》當中，收錄了幾個關於蠶的傳說。《日本書紀》提到月夜見尊去拜訪保食神的時候，對方從嘴巴裡拿出米飯和魚等食物招待祂，但是月夜見尊認為祂讓自己吃的都是從嘴裡吐出的東西，因此憤怒地殺死保

被當成蠶神神使的貓和蛇

Culture

養蠶農家非常重視作為蠶神神使的貓或蛇，因為牠們可以捕食蠶之天敵老鼠。各地的蠶神信仰神社裡，都有供奉狛貓等石像。在群馬縣利根郡，養蠶農家會將大蛇當成神主，並且借用日本錦蛇的圖像。

原為重要產業的養蠶催生出食物起源神話

食神，結果保食神的屍體上誕生了各式各樣的動物和穀物，而祂的眉毛生出了蠶。在《古事記》裡的記載也提及被須佐之男命殺死的大氣都比賣神的頭上也生出了蠶。這些食物起源神話都顯示出在編撰記紀神話的7世紀左右，養蠶已經是相當重要的產業。

各地養蠶信仰的神社祭神，大多是保食神、大氣都比賣神、或宇迦之御魂神等農耕、穀物之神。蠶是農作物相關眾神的神使，到了明治以後絲綢和生絲產業逐步發展，與此同時蠶神信仰也變得更加興盛。

另外，蠶神是蠶的守護神，並不是祭祀蠶本身的靈。東北地方的蠶神被稱為「OSHIRASAMA」（オシラサマ，御白樣），被描繪為一名騎在馬上的女神。

Culture

與養蠶起源相關的傳承

古代中國是禁止將養蠶技術帶到國外的。有一個傳說認為在1世紀的時候，有位從中國嫁到于闐的婦女將桑樹和蠶種放到棉帽裡面，才帶到了國外，這便是養蠶得以輸出的源頭。

日本的蠶神信仰有著各式各樣蠶的由來傳說。在茨城縣筑波市的蠶影神社流傳的故事，是說天竺的舊仲國大王的女兒金色姬因為被繼母追殺，所以乘著桑木打造的船隻逃走，來到了茨城縣的豐浦，為了幫助拯救自己的夫妻而變成了蠶。

茨城縣現存許多和養蠶相關的神社，蠶影神社與日立市的養蠶神社、神栖市的蠶靈神社合稱為「常陸國三蠶神社」。

無數的腳是財富與福氣的象徵

蜈蚣

【mukade】

司掌礦山和礦脈的山神神使蜈蚣
以毘沙門天使者之姿而匯聚信仰

身體紅黑而細長、長了無數隻腳而令人感到詭異的樣貌，加上強烈毒性，蜈蚣可說是害蟲當中最具代表性的一種。但與此同時，自古上至武將下至商人都認為牠也是相當神聖的節肢動物。

蜈蚣在頭部之下的胴體第一節具備毒腺，也有許多人類因此遇害。而這樣的「強悍」也提高了蜈蚣的神力。

蜈蚣從古時候開始就被認為是司掌礦山或礦脈的山神之神使。蜈蚣長長的身體就像是人們挖掘的坑

與金錢相關的蜈蚣迷信

Culture

日本各地都流傳著與財富福氣相關的迷信。據說蜈蚣進到家裡就會與金錢有緣（熊本、福岡）、一天抓到3隻就會成為大富豪（愛知）等。但是在相同地區，也存在只在殺掉的當天成為一日富翁（愛知）的相反迷信。

擁有可怕的姿態以及猛烈毒性的蜈蚣，也被認為是軍神的使者

道形狀，而且牠又棲息於山中的土壤陰暗處，可能是因此而成為礦山勞動者的守護神。

另外礦山出產的金屬曾成為錢財的原料，因此牠的腳如此眾多，讓人聯想到「多金」（譯註：腳的日文讀音與意指錢財的御錢讀音相同），因此也就成了財富福氣的象徵。且腳很多對於商人來說，也有著「門庭若市」的吉祥寓意。

另一方面，蜈蚣也憑藉其毘沙門天使者的身分而受人信仰。

毘沙門天是守護佛法的戰神，戰國時代有許多武將會祭祀祂。蜈蚣具備著絕不後退的鬥爭之心，身體又有分節，看起來就像是將鐵片編在一起的鎧甲，因此被人當作軍神的使者。

Culture

被描繪成有如怪獸般巨大的蜈蚣

蜈蚣除了被人們認為是帶來福氣的生物以外，也有被描繪得非常恐怖的情況。

最有名的就是室町時代的軍記物《太平記》當中所收錄的近江國（現今滋賀縣）的比良山傳說。比良山的大蛇向武將俵藤太請求，希望他能夠擊退欺壓大蛇一族的大蜈蚣。藤太帶著強弓面對可以繞比良山7圈半的超巨大蜈蚣，使用了將口水吐在箭上的咒術，讓箭貫穿了蜈蚣那堅硬的身體。

除此之外，還有群馬縣的赤城山蜈蚣與栃木縣日光的大蛇作戰的傳說。兩者為了爭奪中禪寺湖領土的權利而領軍激戰，最後由大蛇獲得勝利。而戰場正是目前成為觀光聖地的戰場原。簡直是有如怪獸電影的故事。

於空中飛舞的靈魂化身

蝶

【chou】

象徵魂魄於此世復甦的樣貌
在全世界都是死與再生的表徵

蝴蝶在世界各地都有著與人類之死或者靈魂相關的傳承。理由是蝴蝶是一種完全變態的昆蟲，牠的樣子會從「卵」逐漸轉變為「幼蟲」、「蛹」、「成蟲」，因此被認為是「死亡」、「再生」、「復活」的表徵。

在基督教世界，蝴蝶是復活的象徵；在希臘，蝴蝶也是靈魂和不死的象徵。

至於亞洲，緬甸語系民族流傳著「人死時會張口，而蝴蝶（魂魄）就會從口中飛出」的說法，有時候會直接把容易離開肉體的靈魂稱為「蝶靈」。

來到中國，蝶的發音與意指70至80歲的高齡者「耋」同音，也和綿長延續、樣貌吉利的小型瓜類「瓞」同音，因此被認

國外的蝴蝶傳說

Column

北美的原住民神話當中提到，創世神化身為蝴蝶的姿態，為了幫人類找到好土地而一直飛舞著。在德國，則認為蝴蝶是孩子的吉兆。而美國則認為若是有蝴蝶飛進家裡，就表示最近會傳來有人結婚的消息。

蝴蝶群生飛舞的姿態被當成凶事或者災害的前兆

為非常吉祥。或許是這種吉祥觀的影響，蝴蝶在日本也被拿來當成家徽的意象。

另外在栃木縣宇都宮市流傳著盂蘭盆節時期的黑色蝴蝶有佛乘坐，千葉縣也認為在晚上飛舞的蝴蝶是佛之使者。

平安時代認為牠是「死者的魂魄在此世復甦的樣貌」，因此在憑弔的詩歌當中經常會使用到蝴蝶。同時蝴蝶群生飛翔的姿態又令人感到詭異，因此中世紀時認為牠們能夠告知凶事及災害，人們會前往神社寺廟祈禱。

在《和漢三才圖會》當中提到，繼承了山岳信仰的飛驒山脈（北阿爾卑斯）立山連峰的「地獄道追分地藏堂在每年7月15日晚上，會有許多蝴蝶冒出來玩耍，在這片原野上飛舞。這被稱為生靈之市」。這裡說的蝴蝶想必就是靈魂的化身。

蝴蝶會被當成靈魂化身而成為神聖之物，應該就是源自會和靈魂一樣在空中飛舞這個特徵。

Culture

蝴蝶是魂魄離身的姿態

平安時代蝴蝶被稱為「魂魄甦醒之姿」，據說是種「說出名字就令人恐懼」的生物。在日文則因為牠是「在河邊輕飄飄的東西」而有著「KAABIRU」（カービル）和「KAWABIRAKO」（かはびらこ）等稱呼。之後中國的「蝶」這個發音傳進日本以後，才用日文的假名配合，最後發展出CHOU（ちょう）的發音。作家小泉八雲的《怪談》裡也有一篇故事〈安藝之助的夢〉提到睡午覺的青年魂魄化為蝴蝶，夢見自己進入蟻穴度過另一段23年人生。

〈芍藥群蝶圖〉伊藤若沖

Column 2

活用在活動與信仰方面的
植物靈力

自古以來人們的生活一直都與自然共存。包含食衣住在內，在每年的年度活動和信仰的場合當中，自然的恩惠都是不可或缺之物。除了動物以外，植物也與生活有著密切關係。

其中之一也包含將植物視作神聖之物的背景文化。比方說對於日本人來說相當熟悉的櫻花，名字就和神有關係。櫻（さくら，SAKURA）的「SA」表示田地之神，而「KURA」則是神明坐臥之處，也就是在表示有神明依附之物（依代）。到了春天就會綻放花朵的櫻樹，告知人們田地之神已從山上來到平地，而過去人們會為了慶賀田地之神到來，群聚在花團錦簇之下一起吃吃喝喝，祈求能夠豐收。

除此之外，被認定有神明寄宿的樹木還有神社境內的「御神木」。人類從古時候開始就認為眼所不可見的神明會降臨在樹木或巨木上。一般來說多為杉木，因為它直挺的形狀就像是神明從天界降臨，因此神社會種植許多杉木。

每年的例行活動當中，植物也經常被用來驅邪或者去除疾病。比方說正月的時候吃七草粥的習慣，是為了吃那些從冬雪中冒出芽的蔬菜和野草，期望它們的生命力能夠使人無病消災。節分之日灑的豆子，是因為從豆子（まめ，MAME）聯想到「魔之眼」（まのめ，MANOME），因此憑藉著言詞的靈力（言靈）而認為它有祛除鬼的力量。除此之外，在盂蘭盆節和掃墓的時候所供奉的花朵中最具代表性的菊花，是因為人們相信其濃郁香氣具有驅除邪氣的力量。另外，也是因為它能夠保存比較久，所以才被當成供奉給佛的花。

日本有許多與植物相關的習俗和迷信。比方說，採伐木材的伐木人在山上伐木的時候，也流傳著一些習慣，像是左上圖片這類形狀的木頭「是山神或天狗坐下來休息的地方，因此不可以砍伐」。另外還有生長在高原的白樺樹給人木肌白皙清新的印象，但過去的人們認為這讓他們聯想到白骨、相當不吉利，所以非常不喜歡種在住家附近。

植物就像這樣深入人類的生活與文化，形成了日本獨特的自然民俗。

不可以砍伐的樹木形狀

過去伐木的人們認為，如圖這類形狀的樹木，是神明或天狗坐下來休息的地方，因此非常不願意砍伐這類樹木。

鴨枝、熱水桶

樹幹上的粗樹枝捲成有如士瓶把手一般的形狀。

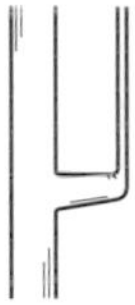

山神的凳子、天狗的休憩木

有較細的樹枝從樹幹旁直立伸出。

窗木、休憩木

樹幹或樹枝中間分岔後又結合在一起，導致中間有空洞。

第3章

生活與文化中的異類

人類從古代開始就將
自然帶來的驚奇視作神意。
為了與神共存，
因此誕生了各式各樣的
典禮儀式和傳統。
本章會逐步解析
其中與動物和異類相關的傳承。
在我們的日常生活與文化之中，
就潛藏了數量眾多的異類們。

時間
方位
天氣
年度活動
藝能
災害
祭典
遊戲

十二生肖的起源是什麼？

時間

【toki】

時刻、曆法，象徵著森羅萬象
與中國哲學「陰陽五行說」之間存在密切的關係

由植物的生命循環思想誕生的十二生肖

各國不同的十二生肖

History

用動物來表示曆法的十二生肖在亞洲圈被廣泛運用，但是與文化及生活習慣相關的動物，卻因國家或地區相異而有不同選擇。在中國的亥是家豬（譯註：日本為山豬）、西藏和泰國的卯是貓，蒙古的寅不是老虎，而是豹。

日本在日常生活中會使用的「曆法」其實是基於古代中國哲學「陰陽五行說」打造出來的。陰陽之說認為這個世界的萬物都區分為相反的兩個性質，也就是陰和陽，陰陽相生又相剋，並藉由調和才能成立自然界萬物。五行說則認為宇宙的一切都由金、木、水、火、土五種氣（五行）構成。

根據這個哲學計算出的曆法，將立春（正月時節／新曆2月4日左右）訂為一年之始，接下來則是驚蟄（二月時節）、清明（三月時節）、立夏（四月時節）、芒種（五月時節）、小暑（六月時節）、立秋（七月時節）、白露（八月時節）、寒露（九月時節）、立冬（十月時節）、小寒（十一月時節）、大雪（十二月時節）。在《日本書紀》中則提到曆法是在6世紀時由百濟傳進日本的。

日本的「十二支」是子、丑、寅、卯、辰、巳、午、未、申、酉、戌、亥這12個，讓人聯想到老鼠、牛等動物。

但其實這些字原本與動物並無關係，是古代中國根據植物成長打造出的字體。

比方說子其實是「孳」這個字，表示的是灑下種子；而丑則是「紐」，用來表示新芽彎曲而努力要伸出的樣子；寅代表「螾」，顯示出順利生長的狀態。

古代中國將陰陽五行說導入到十二生肖當中，將十二支的4個字搭配上五行中心「土」，剩下的8個字則每2個字分配土以外的4行。

因此成為子（水陽）、丑（土陰）、寅（木陽）、卯（木陰）、辰（土陽）、巳（火陰）、午（火陽）、未（土陰）、申（金陽）、酉（金陰）、戌（土陽）、亥（水陰）（參照左頁下表）。

但是十二支幾乎不會直接用陰陽五行的方式來稱呼，而是搭配上12種動物。

雖然理由並不明確，但目前最有力的說法是為了讓十二支的結構變得好記，所以結合了農耕當中不可或缺的家畜。就連動物的性格也都被搭配進去，因此十二支的子、丑、寅、卯……這些文字才會成為動物的代名詞。

日本有時候會把十二支和干支混用。但是干支雖然也可以當成時間性質使用，卻必須將來自陰陽五行說的十干和十二支結合在一起。十干是甲、乙、丙、丁、戊、己、庚、辛、壬、癸這10種。這和十二支一樣是用來表示植物的生長過程，雖然也有跟動物相關的字，但和動物並無關係。在西洋將一個月區分為4段也就是「週」（7天）打造出循環，但在中國則是分為3段，也就是1

「旬」（10天），因此才會有十干這種計算方式。

使用干支來紀錄日期的干支記日法曾出現在古代中國商朝的甲骨文上。結合了十干與十二支的干支成為60個數詞，每60年循環一次。之所以會將60歲稱為還曆，意思正是干支已經繞了一圈，回到自己出生那年的干支。

十二支與植物生長循環

十二支是用來表示植物從最初發芽到衰退整個再生循環，並將文字調整過後的形狀。

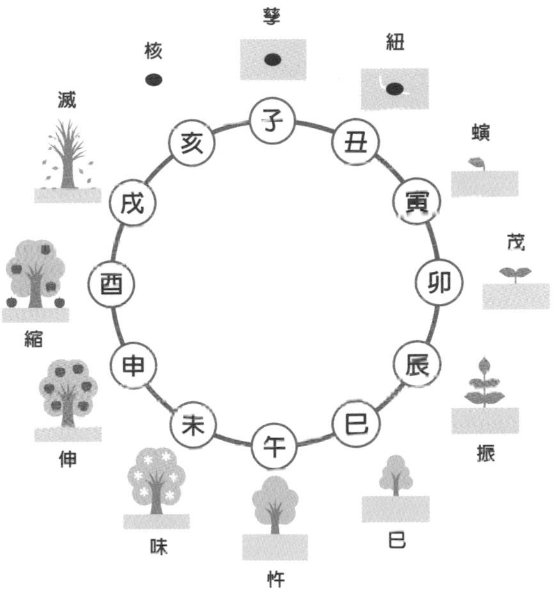

十二支與陰陽五行表

十二支	子	丑	寅	卯	辰	巳	午	未	申	酉	戌	亥
五　行	水	土	木	木	土	火	火	土	金	金	土	水
陰　陽	陽	陰	陽	陰	陽	陰	陽	陰	陽	陰	陽	陰

由中國傳來的四神

方位

【hougaku】

守護四方的四聖獸
是由古代科學誕生的守護神

由古代中國傳到日本的陰陽五行思考方式，也帶來了四神，正是表示方位的動物。四神是中國漢代的東西南北四方守護神，東青龍（青）、

青龍、白虎、朱雀、玄武四神來自陰陽五行的「五蟲」

最古老的高松塚古墳

History

日本國內最古老的四神圖樣物品，是位於奈良縣的高松塚古墳之中、於7世紀末到8世紀初時建造的石室內部牆面。北面深處的牆壁畫著玄武、東邊牆面中央畫著太陽和青龍、西面中央畫著月亮和白虎，但無法確認有無朱雀。

西白虎、南朱雀（赤）、北玄武（黑），以五行說作為基本色調。

這4種動物和陰陽五行說當中的五蟲（參照163頁）這種生物分類方式結合在一起，成為守護方位的四聖獸。這種思考方式是來自古代科學，之後也成為東洋科學的根本。

中國會在建築物的瓦當（圓形瓦片的外側，突出於屋簷外的圓形部分）上裝飾四獸，藉此讓祂們具備守護四個方位的意義。

另一方面，日本奈良縣明日香村的龜虎古墳和高松塚古墳的四面牆壁上，都能看到四神圖。

此外，在日本的大相撲活動中，以前用來支撐土俵屋頂的柱子（現在是懸掛流蘇）也被命名為青龍、白虎、朱雀、玄武。

代表方位的文字
使用十二支和八卦來表現

在東亞，過去會將十二支用來表示12個方向的方位。這種表示方法是由北邊的子開始順時鐘往下，卯為東、午為南、酉為西，每個方位之間相隔30°。

不過，這種方式並沒有指向東北、東南、西南、西北，所以在日本會將位於丑和寅中間的東北稱為「丑寅」、東南為「辰巳」、西南為「未申」，而西北則是「戌亥」。

另外，在古代中國有以陰陽為基礎建立的思想「易」，替構成陰陽的八卦形狀分配方位和動物。「乾」為西北－馬、「兌」為西－羊、「離」為南－雉雞、「震」為東－龍、「巽」為東南－雞、「坎」為北－豬、「艮」為東北－狗、「坤」為西南－牛。

八卦的艮、巽、乾、坤也會結合十二支的方位和名稱，表記為艮（丑寅）、巽（辰巳）、乾（戌亥）、坤（未申）。

除此之外還有結合十二支、八卦和十干的「二十四山」，是方位間隔15°的二十四方位，使用在「風水」等判斷吉凶用途。

惠方捲是從陰陽道來的　Column

陰陽道中將司掌該年福德的方位神稱為歲德神。向神明所在的方位祈禱，就能夠萬事吉祥，而該方位便稱為「惠方」。吃惠方捲的習慣據說是江戶時代由大阪的花街起的頭。

十二支與方位及八卦的關係

用來表示東北和西南等方位的文字也和八卦有關係。東北的艮在日文中讀作「USHITORA」（うしとら），因為位在丑（USHI，牛）和寅（TORA，虎）中間。

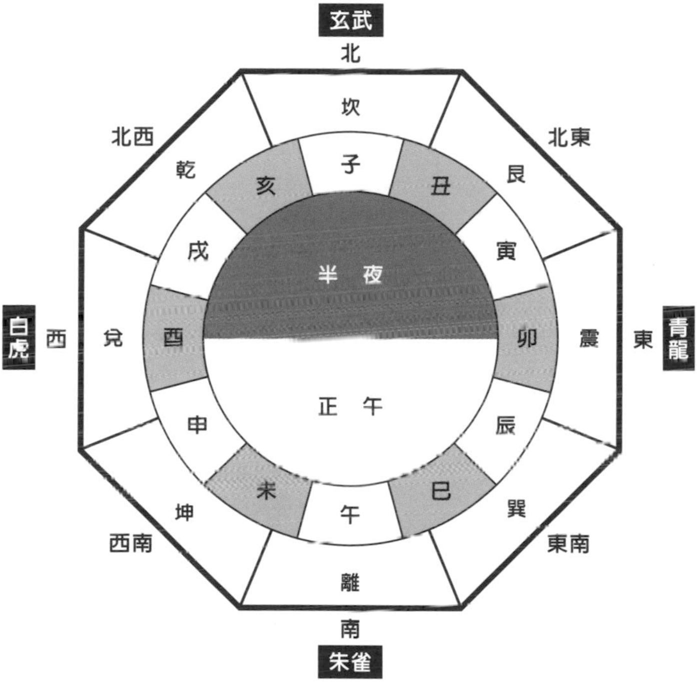

Culture

何謂陰陽五行的「五蟲」

陰陽五行的法則之一是五蟲的分配。所謂「蟲」並不是單指蟲類，而是指所有生物，由其身體特徵區分為五行（木、火、土、金、水）。

「鱗（木）」是爬蟲類與魚類等有鱗片的生物；「羽（火）」是鳥類等有羽毛的生物；「倮（土）」是人類等身上沒有鱗片、羽毛、動物體毛（赤裸的）生物；「毛（金）」是身披毛皮的動物；「介（水）」則是貝類、甲殼類、烏龜等具備硬殼的生物。

四神就展現出這種分類的樣貌，「鱗」是青龍、「羽」是紅色鳥類朱雀、「毛」是全身長有獸毛的白虎、「介」則是有烏龜甲殼的玄武。

使用牛馬來為天候祈禱

天氣

【tenki】

祈求帶來豐收的雨及太陽
自古代就會執行與水神相關的儀式

使天空降雨的「祈雨」以及祈求晴天的「祈晴」儀式

古代日本是農耕社會，為了要收穫米和農作物，因此需要大量的水。

日本的水資源雖然還算豐富，但要提供穩定的農業用水卻非常困難，最糟糕的就是經常受到天候左右。因此就會執行控制天氣讓天空降雨的「祈雨」以及希望停雨、祈求晴天的「祈晴」這些天氣相關儀式。

比方說824年的時候，有筆紀錄是真言密教的空海在神泉苑舉行祈雨的儀式。據說空海請動了棲息在池泉的龍女，因此下了三天雨。那裡後來建立了目前真言宗東寺派的寺廟。

另外在877年的時候也留有一個紀錄，當時是為了避免發生水災，因此進行了止雨祈禱。

神泉苑棲息著掌管雨水的龍神，而保護平安京不受旱災或大雨等災害侵擾的則是龍女。

祈雨是國家儀式 History

在奈良、平安時代，「祈雨」是一種國家舉辦的儀式。最古老的祈雨紀錄記載於《日本書紀》。642年為了祈雨，貴族輪流朗誦經文，但沒有成效，不過在皇極天皇向上天祈禱以後就開始下起大雨。

將金屬之物投進池中，惹怒水神，藉此喚來雨水

歷史上朝廷或者幕府在遇到旱災的時候，都會舉行國家規模的「祈雨」，這是在民間村落也會舉辦的重要活動。

祈雨的儀式和方法會隨著時代與地方而有所不同，不過一般為人所熟知的，還是根據身為水神的龍神信仰為基礎，進行祈雨歌唱及祈禱。

人們會在山上堆柴火焚燒、敲打銅鑼及太鼓。另外也會將汙穢之物或者金屬類的東西丟進池子等處，希望藉由惹怒水神（龍神）來召喚雨水。

這是一種利用龍討厭鐵等金屬的習性所施行的咒術。

相反地，祈求晴天的「祈晴」，會在北日本或者靠日本海一側的地區等地，為了抑制因為長期雨季所造成的冷害而舉辦。關於水災方面，大井川流域設立了許多「川除地藏」、「水除地藏」等，這是因為人們相信地藏會驅除水災保護土地。

近世中期以後，由於開發許多新田地，以至於有些地區暴露於洪水、增水的危險之中，這些地方也留下了虛空藏信仰這種防水害的習俗。

在這些地區的習俗中，棲息於河川的淡水種鰻魚由於被認為是虛空藏的化身，因此人們不會吃牠。

在天氣相關的儀式當中，奉獻給神明的通常是牛或馬。

《常陸國風土記》裡提到，在崇神天皇的時代，曾供奉一匹馬給鹿島大明神，可見古代有奉獻活馬的風俗習慣。

另外在《續日本紀》當中則有紀錄顯示，日蝕的時候為了讓太陽從衰弱中

恢復，會將紅毛的馬供奉給伊勢神宮。

民俗學者柳田國男曾提及，根據中國的傳說，唐朝軍隊越過白馬江這條河流攻進百濟的時候，為了壓制風雨而用白馬作為餌，釣上了一條龍，因此「白馬是神明最喜歡的東西，在舊日本也有許多這樣的事例」。

現今在寺社中很常見的供奉用繪馬，據說也是供奉活馬的習俗逐漸簡化為土馬、木馬，最後變成一塊板子（不過柳田國男對於將繪馬直接連結到獻上活馬這件事是抱持懷疑的）。

祈禱晴雨的咒術這類天氣相關的儀式，在改變了形式及稱呼以後依然留存到現代，像是繪馬或者晴天娃娃等物。這便證明了天候對於日本人的生活有多麼重大的影響。

〈祈雨小町圖〉葛飾北雲（東京國立博物館藏）
此圖描繪的是小野小町頌詠祈雨的和歌，由於其功德而真的降雨的場景。

Culture

香川縣的祈雨舞蹈「綾子踊」

香川縣一直都存在因日照而導致水資源不足的問題，在二次世界大戰前，各地都還會舉行祈雨活動。目前也會舉辦的活動之一，就是流傳於仲多度郡滿濃町的「綾子踊」。

據說這是源自於弘法大師（空海）經過佐文村的時候，教導一位名為「綾」的女性「在內心想著對龍王許的願望，同時一邊跳舞的話就會下雨」。於是綾便和村人一起配合銅鑼及太鼓的聲音跳舞，結果沒多久就開始下雨了。

這個舞蹈的舞者會分組，然後配合歌者們的太鼓和笛聲等拍子與伴奏開始跳舞。

綾子踊在１９７６年被指定為重要無形民俗文化財產，現在每兩年會舉辦一次，在加茂神社獻上此舞蹈。

運用擁有神威的動物

年度活動

【nenchugyouji】

由泛靈思想的自由崇拜而生
流傳於日本各地的傳統活動

隨著人類歷史一起發展的，就是「祭典」這種「年度活動」。古代日本人的生活承受著

傳統活動中不可或缺、作為神明使者或化身的動物

自然的威猛、疾病、戰火等。如果連續遭逢不幸，就會覺得這是某種靈性存在造成的，因此便會信仰能夠作為對抗手段的神明威能。

年度活動大多源自於這類祭神性質的活動開始在固定時間舉辦，是由日本原有的農耕儀式以及自中國傳來的各種文化為基礎打造出的活動融合而成。

活動基本上和祭神相同，包含閉門不出、迎神、送神等要素，不過在宮中、公家、武家和民間的年度活動會有所不同，比方說民間會以過往農耕儀式衍生出的活動為主。年度活動又區分為以新曆為標準執行和跟著舊曆走這兩種，這是由於到江戶時代為止，日本都使用舊曆的「太陽太陰曆」。

到了明治以後，更換為新曆「太陽曆」，之後為了方便就採用了比較簡單的方法，就是直接讓活動延後一個月。

來自其他國家的祭典和活動 History

日本有許多祭典其實是來自海外的中國、東南亞等地。沖繩的划船比賽「HAARII」（ハーリー）就是受到中國影響的活動。以福神惠比壽、大黑天等三福神來訪的祭典「博多松囃子」為核心的「博多咚打鼓祭」語源則是來自荷蘭文的星期天zondag。

日本有著豐饒的大自然，自古以來向神佛祈禱的時候，就會以神使動物作為媒介。除了神使以外，有時候也會將動物神祕的力量與神佛結合在一起。

這類信仰的基礎，其實隱藏著泛靈思想的自然崇拜要素。

流傳在各地的年度活動當中，與動物相關的部分也有許多預先慶祝豐收、或者防止農業受到害獸或害蟲侵襲的活動。

在農作物需求增加的時代，農村地區每年都會舉辦祈求能夠驅除害獸的「趕鳥」、「獵狐」、「獅子趕獸」等活動。另外，當時的農業還沒有現代這樣普及，所以蟲子造成的損害也很大。

因此各地方法雖然不同，但也都會舉辦各種「送蟲」相關活動，像是帶著從寺廟拿來的護符再拿著火把在田裡面慢步行走以驅除害蟲，或者燃燒替身稻草人等。

也有說法指出古人認為害蟲是「惡靈」造成的，所以才會用祈禱來防治。

到了江戶時代，與動物有關的年度活動逐漸成為習慣。

江戶時代的中期前後出現的習慣，是在正月或小正月的時候將那年干支的動物擺飾擺放在玄關或客廳裝飾，象徵迎接「歲神大人」前來。

長野縣的北佐久、小原和諏訪這三郡舉辦的「六日年取」活動，是讓孩子們去小河抓沼蟹送給年長者，然後將螃蟹串起來夾在門口，用來祈求趕跑疫病。這是要利用蟹鉗趕跑魔物。

追趕鼴鼠的祭典

Column

農村會在小正月等時間舉辦預祝活動，趕走那些會弄亂田地的鼴鼠。岩手縣遠野的「NAMAGOHIKI」（ナマゴヒキ）就是用繩子拖著馬沓大喊「NAMAGO大人路經此處，鼴鼠大人該搬家啦」，並在房子周遭繞圈圈。

三重縣丸山千枚田的「送蟲」
傍晚的時候當地孩子們會拿著火把和太鼓在梯田裡慢步。用火把的火光和太鼓的聲音來驅除害蟲。

在關東北部到東北一帶會舉辦初次入山或開始農耕的慶祝活動「烏呼」，餵餌食給山神的神使烏鴉。在柳田國男的《遠野物語拾遺》當中提到，岩手縣遠野地方在小正月會將切成小小塊的年糕放進酒杯裡面，孩子們則高唱「烏鴉過來，給你小豆餅所以快來」，呼喚著要牠們過來。

另外還有盂蘭盆節活動中將「茄子」和「小黃瓜」做成像是馬和牛的樣子，這個應該就有很多人知道了。「小黃瓜」是希望祖先的魂魄能夠早早歸來，所以做成腳程快速的馬匹樣貌。茄子則是因為要讓祂們帶著很多貢品回去，所以做成牛的樣子。

Culture

有好鬼的愛知縣「花祭」

在日本傳統活動中出現的異類，最多的就是「鬼」了。

自從佛教傳入日本，鬼就被認定是怪異的魔物，但在日本全國各地也存在著被民眾認為能帶來福氣而加以祭祀的「好鬼」。

愛知縣北設樂郡的山間地區奧三河所舉辦的「花祭」中出現的山見鬼、榊鬼、朝鬼就是典型的好鬼。帶著巨大面具的鬼會拿著斧頭，配合太鼓、笛子、歌聲伴奏徹夜舞蹈。

這些鬼的動作是高高舉起單腳以後重重踩下，並且踏出反閇這種咒術步法，鎮壓那些位於地底的惡靈。從反閇行為看來，這些鬼是好鬼。

表現動物的神祕性

藝能

【geinou】

日本人對於自然和動物們的親密與崇敬
深深留在古典藝能當中

在能狂言的世界中扮演重要角色，幽默的異類精靈

棲息在日本豐饒大自然中的動物們，對於人類來說相當親密，同時人們又相信牠們是連結異界與人類世界的靈獸。這種對於動物的親近感，現在也還留在古典藝能當中。

從室町時代初期到末期建立起傳承至現代這種樣貌的「狂言」當中，有小猴子上場的《靭猿》相當有名。

這個故事是說一位大名看見耍猴人用繩子拉著小猴子，想用牠的皮做成自己的靭（裝箭的容器），因此硬逼對方將猴子讓給自己。

狂言的學習課程被稱為「始於猿、終於狐」，所以小猴子這個角色也作為徒弟初次登台的演出而廣為人知。另一方面「狐」則是根據妖狐白藏主傳說寫成的《釣狐》，演員通常是20～30歲左右會演出這部戲，接著就能夠獨當一面了。

跑來跑去的人茹

Column

狂言裡面也有植物。《菌》是描述在庭院裡長出了一大堆巨大的菇類、跑來跑去還一直增加的故事。就連山伏的祈禱也無法制伏它們。想來這也是日本人感受到整個自然界都存在神明力量的證據。

狂言的演出過程幾乎都不戴面具演戲，但若是神佛、鬼、動物、精靈角色，又或者是演老人的時候，就會使用狂言面具。

動物的面具有許多象徵某種東西、又或者是非常寫實的類型。比較有趣的是有個只使用在間狂言（能樂中場休息的時候由狂言方負責的部分）表演的面具「鳶」。這個面具如果出現在能樂演出的場合，會是大天狗的手下，也就是天狗角色。

面具雖然是個猛禽的臉龐，卻有著圓圓的眼睛和帶著弧度的嘴巴，演出的也通常是討人喜歡的角色。

「嘯」則是嘴巴尖尖的男人面孔，它同時也作為里神樂之中的火男面具原型而為人所知。劇目《蚊相撲》的演出，會將紙捲塞進面具嘴巴裡權充蚊子的針狀口器。「蟬」則代表蟬之亡靈的角色，通常是用來扮演昆蟲、魚類或植物擬人化角色的面具。

狂言面具「賢德」（引用：國立文化財機構收藏品整合搜尋系統）

表情喜感十足的男性面具「賢德」則是當成狗、牛、馬、螃蟹精或者菇類等動植物的角色。從面具來看應該就能明白，對日本人來說，動物們也具備和人類相同的個性、知性以及靈性。

雅樂之中有讓孩童演出劇目的童舞。特徵是孩子們會塗上白色妝容後跳舞。其中也有以動物作為主題出場的劇目。

其中一個舞碼《胡蝶》就是4個孩子模仿蝴蝶跳舞。他們穿著繡有蝴蝶的袍子、背上有色彩鮮豔的羽毛，同時戴著棣棠花冠。

另一個《迦陵頻》是讓孩童模仿鳥的樣子跳舞。這是表現出傳說中的鳥類「迦陵頻伽」優美歌唱、飛翔的姿態。迦陵頻伽是佛教世界的幻想生物，牠們是棲息在極樂淨土的半人半鳥，有著美麗的姿態且能演奏令人欣喜的音樂。

在這個演出中，孩童也會穿著繡有鳥類圖樣的紅色袍子，背後背著羽毛、腳上還有被稱為鳥足的裝飾，手上拿著小銅鑼邊擊打邊跳舞。以銅鑼的聲響來表現美麗的鳴叫聲，是能看到輕快舞蹈的舞碼。

〈蝴蝶之舞〉（引用自《日本禮儀與習慣素描》）

Culture

作為能樂根源的伎樂之面

伎樂是日本傳統戲劇之一，這是一種戴著大面具表演的化裝舞會劇，於6世紀左右的飛鳥時代，由中國和韓國傳入日本。在聖德太子的時代最為鼎盛，據說會有60多人的伎樂團表演。

伎樂使用的面具五花八門，包含吳公（中國的貴人）、金剛、力士、獅子、迦樓羅（佛教守護神）、婆羅門（僧侶）、大孤父（老人）、醉胡王（古代波斯王）等。伎樂的面具和能面並不相同，特徵是非常大，甚至覆蓋後腦勺。扮演角色的人會戴上這些面具去遊行，在路上演短劇。

伎樂後來逐漸衰退，但催生出雅樂和能樂等新型藝能，對於面具藝能有相當大的影響。

鎮壓神明怒氣的傳承

災害

【saigai】

過去的自然災害，都象徵上天給予的懲罰或警告

人們認為惡靈或妖怪就是其象徵

自然變異乃神意，雷是展現出神明憤怒的「神鳴」

古代日本認為地震、海嘯、洪水、火山爆發、落雷、傳染病等自然災害都是展現神意，這些都是上天給予的警告、懲罰。

惡靈和妖怪等，都是災害的象徵或者訊號。而根本原因還是在於人類世界，社會整體應該要預知禍害、加以防堵，因此思考出許多因應的系統。這就是信仰及民俗儀式。

日本地震最初的紀錄是在《日本書紀》當中提到推古天皇7年（599年）的「大和地震」，當時下令全國都要祭祀「地震之神」。

傳染病也和地震一樣，是長期讓日本人為之所苦的存在，針對傳染病的信仰紀錄曾出現在奈良時代的《續日本紀》。

當時在京城的四方位角落以及近畿地區10處邊界進行祭祀，防止疫病神入侵。

傳染病是怨靈造成的 History

863年的時候，平安京由於傳染病大肆流行，因此舉辦了鎮壓惡靈的御靈會。清和天皇擔心這可能是因自平城京遷都一事而死於非命的早良親王，還有伊予親王、橘逸勢等怨靈造成的，所以請陰陽師使用咒術來進行鎮魂儀式。

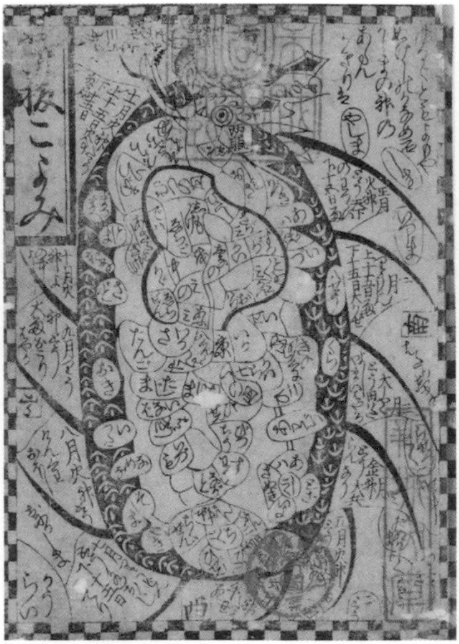

引用自〈新板曆〉（1663年）（國立國會圖書館數位典藏）
上面畫著有條龍圍起了日本。可見當時認為日本列島的地下棲息著龍之類的生物，而且還是引發地震的原因。

日本對於其他各式各樣的自然災害也有相應的信仰。

因為大雨而發生的土石流和山崩，過去被認為是龍蛇從土中竄出所造成。據說是因為蛇從土壤裡跑出來，希望升天之後成為龍。

經常發生水災的宮城縣北上川流域傳承不吃鰻魚的習俗。雖然他們認為洪水的原因是水神鰻魚，但是也將這種厄神視為虛空藏菩薩的化身來崇拜。虛空藏是為了拯救世界末日而現身的菩薩，而祭祀厄神的行為是為了將祂轉換為守護神。

此外，日本各地都有雷石。以前由於落雷肆虐，因此有用石棒壓制祭神的雷神信仰。雷是「神鳴」，代表著神的怒氣。這也是祭祀厄神將其轉換為福神的邏輯。

說起為了防範火災而產生的伏火信仰，可舉愛宕信仰為例。京都愛宕山除了伏火以外，也是天狗信仰的據點。

1177年的大火災「太郎焼亡」燒毀大半京都，陰陽師占卜的結果表示這是愛宕山的天狗太郎坊造成的。

天狗除了防火之外也會放火，是種具備正反兩面的妖怪。

《繪本百物語》竹原春泉
此處描繪的是雷獸。

Culture

法螺貝的怪物傳說

流傳於各地、認為災害是由妖怪造成的信仰之中，有個特別饒富興味的傳承，便是認定山頭崩落的原因是巨大的「法螺貝」所為。

靜岡縣沼津市柳澤的高橋川沿岸有個名為八疊石的巨大岩石，這個石頭的背面有個大洞。據說是從前棲息在這個石頭上的法螺貝妖怪跑掉了，所以才會有這個洞。法螺貝妖怪大肆破壞附近的村莊，在下著暴雨的夜晚發出了低鳴。

在某年暴風雨的時候，法螺貝大聲咆嘯，從山谷跑出、消失在海岸邊。等到天一亮，大家發現河川沿岸有牠一路爬過的痕跡。

人們認為棲息於柳澤的法螺貝因為年滿千歲，因此與起風雨回歸大海。

向神祝禱、祈求為人們帶來祝福

【matsuri】祭典

祭祀那些降臨人類世界的來訪神的「祭典」
到了現在仍在日本各地傳承

生剝的祭典是祛除災禍、授予祝福的儀式

古時候日本人的生活經常受到大自然以及傳染病的威脅，所以他們認為會如此不幸，都是某種靈性存在造成的，因此會信仰能夠作為對抗千段的神威。這就是「祭典」的由來，內容是祭祀由異界降臨的神明。

這種活動的原型可說是認為祖先靈魂會守護子孫的祖靈信仰，而這是日本人既有的基礎觀念，在各地都有迎接從山裡來的祖靈神的傳統活動。據說祖靈神會成為山神，下山來到人類居住地之後就成為田地之神。

另一方面，在固定時期從遠方前來拜訪的神明則稱為「來訪神」。活動主要會在農村舉行，每年由當地的年輕人、或者適逢厄年的人換上服裝、戴上面具扮成來訪神，造訪聚落。祂們會斥責不幫忙家裡或者不好好念書的孩子、分發吉利物品、並收下各家贈與的年糕等物，是一種互贈的風俗。

正月的來訪神・歲神　History

最知名的來訪神，就是正月的時候會大駕光臨的「歲神」。在《古事記》當中說明祂是須佐之男命和神大市比賣的孩子，有些地方稱祂為歲德神、正月大人、TOSHIDON（トシドン）等。正月會擺上裝飾其實就是為了歡迎歲神到來。

男鹿半島的生剝

來訪神活動之中最有名的就是秋田縣的男鹿半島周邊，在二月後半的舊曆小正月會舉辦的「生剝」。

扮演來訪神生剝的人會尋找孩子或家中初次迎娶的媳婦，大喊著「有沒有哭鬧的小孩啊～」然後巡訪聚落中的家家戶戶。每戶人家都會身著正裝慎重迎接生剝，家長會告知今年一年的問題，然後請生剝飲酒後再送其離開。

生剝經常會被誤解為是「鬼」，但其實兩者並無關係。生剝（ナマハゲ，NAMAHAGE）的緣由是源自長時間靠在火邊而讓皮膚出現「NAMOMI」（ナモミ）或「AMA」（アマ）這類低溫燙傷的溫熱性紅斑的發音而來。而農閒時期始終圍在火爐邊、因此發生低溫燙傷的大人們便希望來訪神能用祂手上拿的菜刀，為自己取下「NAMOMI」、「AMA」。現在生剝活動會訓斥孩童，但原本的儀式應該是勸戒大家必須開始農耕的春季已經降臨，所以要懲罰怠惰之人，祛除災厄之後給予人祝福。

和生剝類似的傳統活動廣泛流傳於東北和北陸等寒冷地區，被稱為AMAMEHAGI（アマメハギ）或者SUNEKA（スネカ）等。

在祭典經常看見「獅子舞」這種舞蹈。人們會戴著獅子頭面具，配合祭典伴奏跳舞，祈禱惡靈離開、無病無災。獅子舞來自中國，在612年伎樂傳到日本的時候，其中有個劇目就名為《唐獅子之舞》。在《日本書紀》當中提到5世紀的弘計王（顯宗天皇）曾供奉鹿角並獻舞，因此看來應該是結合了伎樂傳入以前就已經存在的地區信仰祭典。

　中國的獅子舞最初是在佛教傳入日本的時候經由百濟輸入，最初在現今的奈良縣流傳。

〈獅子舞〉歌川國貞

　有一說認為752年時舉辦的東大寺大佛開光供養活動，有1萬多人前來參拜，當時他們看了有獅子登場的面具劇，就將此活動帶回了自己的家鄉。

　室町時代以後，那些寺廟神社當中負責照料參拜者的御師人員，在將伊勢參拜推廣到各地的時候，使用的便是如今獅子舞原型的「伊勢大神樂」，以此進行消災活動。後來還出現了以獅子頭為御神體並雲遊全國各地，向神明獻上獅子舞的神樂師這種職業。因此江戶時代以後，就逐漸建立起如今獅子舞的原型。

Culture

在鹿兒島流傳的來訪神TOSHIDON

　鹿兒島縣薩摩川內市下甑島的「TOSHIDON」（トシドン）作為日本代表性的來訪神活動而為人所知。

　戴上了有著又長又銳利的鼻子和大嘴、特徵相當明顯的面具，披上黑色斗篷的TOSHIDON會在除夕夜裡造訪每一戶人家。祂們會責問孩童那年做了什麼壞事，最後會給他們大塊的年糕作為獎勵後離開。

　TOSHIDON到訪之時，會激烈敲打牆壁，孩子們就會開門。祂們不會進到家裡，只會從緣廊探頭進來。

　有些地區在舉辦這種活動的時候並未對外公開，至今仍將這件事情當成相當神聖的傳統活動。

活用動植物特色來玩耍

遊戲

【asobi】

花札、狐狗狸，這些看似普通的遊戲當中留下了與動物和異類相關的神話及風俗習慣

自古以來傳承下來的遊戲，有不少留有日本人和自然的關係性、以及土地民俗等風俗習慣。

神話和風俗習慣成為圖樣、色彩繽紛的花札

日文花札的語源來自葡萄牙文 Keyword

花札在日文中的發音是「HANAKARUTA」（はなかるた），而KARUTA（歌留多、骨牌）則是來自葡萄牙文當中的卡片「carta」這個單字，可見花札的起源來自其他國家。此外，德文中的病歷表語源也是同一個字。

比方說日本特有的「花札」，是一種在安土桃山時代根據傳教士帶來的卡片遊戲・撲克牌發展出來的遊戲。卡片區分為1月到12月每個月4張為一組，總共有48張。圖案除了當季的動植物圖樣以外，還代表了傳統活動、傳說、民間故事等各式各樣的意義。

舉例來說，1月是象徵長壽的「鶴」，結合冬天也能茂盛生長而常綠的「松」，因此代表著不老不死。12月是「桐」與「鳳凰」，由來是將中國神話當中的靈鳥和「青桐」一起搭配的傳說。

另外，每個月都有「短箋」卡牌，這是將人們在庭院舉辦宴會、詠誦和歌並掛在樹上的這個風俗習慣化為圖樣。

每個月的卡牌上面所描繪的動植物圖樣，都是像這樣源自於各種傳承與緣由。

與狐狸的妖力及靈異現象
相當契合的「狐狗狸」

讓人感受到靈性的遊戲還有「狐狗狸大人」。這是由參加者一起按著硬幣，然後會自動在文字盤上移動、告知占卜結果的遊戲。實際上這和大家的意識並沒有關係，而是將身體產生動作的「思想運動」連結到下意識的「願望」所產生的現象。

這種占卜遊戲過去在日本就有，不過狐狗狸這個形式應該是在明治時代由外國船員帶進了外國的通靈術風潮才建立起來的。當時桌子在日本還不普及，因此會使用米甕的蓋子或者以三隻竹腳支撐的小桌子代替。這會造成桌面不穩定，並且會「緩緩地、緩緩地歪斜」，人們便使用緩緩地（こっくり，KOKKURI）這個狀聲詞來稱呼此遊戲。而使用「狐狗狸」這三個發音接近的漢字，應該也是因為將狐狸、狗（狛犬）、狸貓所具備的神靈性質，與這個遊戲的神祕現象連結在一起的緣故。

狐狗狸在日本明治時代蔚為風潮，但認為這是真正靈異現象的人也引發了不少問題，就連身為東洋大學創立者的佛教哲學者，同時也是科學性質妖怪研究先驅的井上圓了，都寫了以科學來解說此遊

籠中鳥的鶴與龜 Column

知名的兒童遊戲「籠中鳥」（かごめかごめ，KAGOMEKAGOME）有一句「鶴與龜滑倒了」。由於鶴和龜都是長壽的象徵，而牠們滑倒了，就是象徵著「死亡」。

戲結構的著作，努力要撲滅這場混亂。這類仰賴靈性存在的遊戲如今也還是存在，想來這也展現出日本人很容易接受超自然現象，並且努力要與自然達成協調的性格。

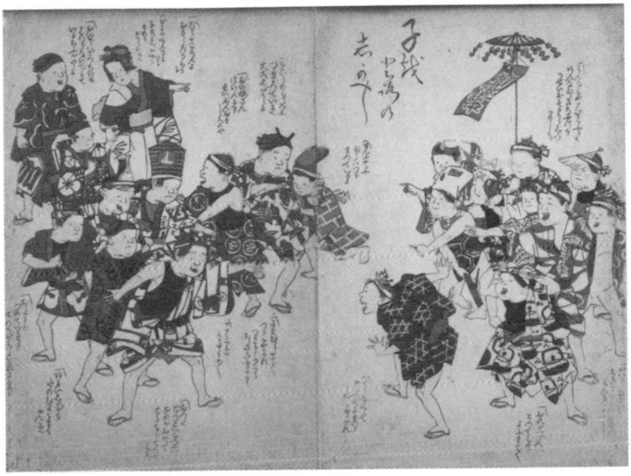

〈抓小孩〉歌川廣重
江戶時代將捉迷藏稱為「抓小孩」。

日本的遊戲當中有許多都有「鬼」的身影。最有名的應該就是「捉迷藏」（譯註：日文名稱「鬼ごっこ」，意思為「躲鬼」）了。

這個遊戲是先在成員裡面決定一個人當「鬼」，其他人則努力逃走不要被他碰到。

遊戲的原型應該是平安時代舉辦的宮中活動「追儺儀式」。這是一種祛邪除厄的儀式，將那些害人的疾病或者邪氣當成鬼，由身為陰陽師的方相氏驅趕那些鬼。

或許是孩子們看到這個儀式之後，將「追趕與逃命」這個元素放進遊戲當中，進而發展出來的吧。

Culture

風箏在日文中原先叫做「烏賊」

風箏的起源可以追溯到古代中國。在中國稱為「紙鳶」，上面畫著鳳凰或龍等傳說中的生物。據說當時並非玩耍的工具，而是利用它作為軍事暗號。

風箏在平安時代傳進了日本，是貴族的遊戲，到了江戶時代則在平民之間引發風潮。另外，當時的風箏因為看起來很像「烏賊」所以也會被稱為「烏賊旗」。但是由於「烏賊旗」的流行導致許多人受傷、增添社會問題，因此政府發布了「烏賊旗禁止令」。人們只好推託：「我放的不是『烏賊』（いか，IKA），是『章魚』（たこ，TACO）。」所以才變成了現在的名字。

Column 3

從對自然界的畏懼而生的 異類婚姻故事

動物等異類和人類締結婚姻關係便稱為「異類婚姻故事」。結構上通常是人類男性與異類女性結婚的「異類妻」，或者人類女性與異類男性結婚的「異類夫」。

異類婚姻故事的歷史非常悠久，最古老的是日本神話中的「三輪山傳說」。故事如下：有個神祕的男子長期拜訪一位年輕女性，後來女性懷孕了。而女性為了搞清楚男方的真實身分，因此偷偷在他的衣服上縫了一條線，之後跟著那條線一路走去，終於發現那男人是三輪山上名為大物主的蛇神。這女性腹中的孩子便是神武天皇的祖先，這個故事應該是為了表達天皇的血緣是人與神結合而編造出來的。

異類婚姻故事當中出現的異類生物實在五花八門，除了狐狸、狸貓、猿猴、馬、鳥、貓等動物以外，也有青蛙、蜘蛛等兩棲類與節肢動物，甚至還有大型貝類。其中最多的就是蛇，民間故事和傳承中有許多「蛇女婿」或者「蛇妻」的故事。

「蛇女婿」的故事以「三輪山傳說」為首，大致上分為在男人衣服上縫一條線來找出對方真實身分的「苧環型」，以及身為田地之神的蛇將水引進田地之後，村子裡的女孩與蛇神結婚作為其報酬的「求水型」。

「苧環型」的故事當中又區分為年輕女孩被英俊男性吸引之後，將孩子打掉以及將孩子生下的兩種類型，而生下來的孩子通常都會成為

〈葛之葉狐童子拜別圖〉
月岡芳年
（引用自《新形三十六怪撰》）

此圖描繪的是化為人類的女狐葛之葉向孩兒童子丸（安倍晴明）道別的場景。

英雄。「求水型」的故事發展則是嫁過去的女孩會使用蛇非常討厭的金氣（鐵製品）殺死蛇。除了蛇以外，「異類夫」的故事特徵就是經常發展為求水型那樣的例子，其結果就是異類會被殺死。

另外「蛇妻」的故事通常是有個男性幫助了蛇，與之後來訪的女性成為夫妻，後來女性就懷孕了。女人會告訴男人「不要在我生產的時候看我」，但是男人沒有遵守約定、還是偷看了，結果發現女人的真面目是一條大蛇。事情曝光以後，女人便留下孩子離去。這類「報恩型」故事的特徵就是大多是「異類妻」，除了蛇以外還有狐狸、鳥等動物，就算是青蛙、魚等水棲生物，故事發展也都一樣。民間故事裡的「白鶴報恩」也是同類型的故事。

這些異類結婚故事發展到最後，婚姻通常都會破裂或者離別。這可以想作是人類對大自然感到畏懼的思維。因為「與一般不同者為異類」，因此人們的內心深處，其實會對於那些在生活中讓自己感到恐懼的動物們懷抱著敵意。

這讓我們明白，過去的人們在與自然共存的同時，也在生活中時時刻刻警戒著大自然神祕的力量。

参考文献

『歴史人物怪異談事典』朝里樹 著（幻冬舎）
『日本現代怪異事典　副読本』朝里樹 著（笠間書院）
『ものと人間の文化史　122-I　もののけI』山内昶 著（法政大学出版局）
『ものと人間の文化史　143　人魚』田辺悟 著（法政大学出版局）
『ものと人間の文化史　101　植物民俗』長澤武 著（法政大学出版局）
『ものと人間の文化史　124-I　動物民俗I』長澤武 著（法政大学出版局）
『ものと人間の文化史　124-II　動物民俗II』長澤武 著（法政大学出版局）
『悪霊論　異界からのメッセージ』小松和彦 著（筑摩書房）
『妖怪学新考　妖怪からみる日本人の心』小松和彦 著（小学館）
『憑霊信仰論』小松和彦 著（講談社）
『鬼がつくった国・日本』小松和彦・内藤正敏 著（光文社）
『47都道府県・妖怪伝承百科』小松和彦・常光徹 監修（丸善出版）
『狐の日本史　古代・中世びとの祈りと呪術』中村禎里 著（戎光祥出版）
『日本動物民俗誌』中村禎里 著（海鳴社）
『日本の民俗信仰を知るための30章』八木透 著（淡交社）
『こんなに面白い民俗学』八木透・政岡伸洋 編著（ナツメ社）
『陰陽五行でわかる日本のならわし』長田なお 著（淡交社）
『絵で見て不思議！鬼とものの けの文化史』笹間良彦 著（遊子館）